LGBTのBです

意外とやさしい社会でした

きゅうり

総合科学出版

はじめに

『ＬＧＢＴのＢです』

タイトルの通り、私はバイセクシュアルである。
男性も女性も恋愛対象になる。

自分がバイセクシュアルだと気づいたのは大学生の時だった。
大学生の頃、自分のことがよくわからなくなった。
そこで、図書館にあるジェンダーやセクシュアリティ関連の本を何冊も借りては読み、インターネットでひたすら検索し、「自分のセクシュアリティ」を模索し始めた。

「自分で自分のことがわからない」のは、具体的な苦しみこそないものの、出口のない迷路に入ってしまったような、暗くて落ち着かない妙な気持ちになる。

だから、自分で自分のことをバイセクシュアルと定めたとき、1つの答えを見つけた気がして、なんだかすごくホッとしたことを覚えている。

今なら「既存のカテゴリーに無理やり自分を当てはめようとする必要はない」と言える。

「私は私」とも思える。

でも当時はアイデンティティの揺らぎに悩んでいた。

本を読んで〝知り〟、たくさんの人に〝会い〟、だんだん悩みから解放されていった。そんな経緯がある。

この本は私の小学生から今に至るまでの出来事や考えについて書いたものだ。

「悩んでいる人」にはもちろんのこと、「家族や友人にカミングアウトされて戸惑っている人」にも届いてほしい。

また、「最近メディアでよく聞く『ＬＧＢＴ』という言葉について、もっと詳しく知りたい」という人や「なんとなく」「興味本位で」手に取った人にも「こんな人間がいるのか」と知ってもらえたら嬉しい。

ただ、1つ事前に伝えておきたいことがある。それは、この本に書いてあることは私個人の話であり、他のセクシュアル・マイノリティの方やバイセクシュアルの方が同様の考え方をしているとは限らないということだ。私はセクシュアル・マイノリティの代表でもバイセクシュアルの代表でもない。人の数だけ人生があり、人の数だけ考え方がある。あくまでも「こういう人間もいる」「こういう考え方の人もいる」という捉え方で読んでいただきたいと思っている。

この本が、過去の私と同じように悩んでいる人の少しでも役に立ちますように。そして、1人でも多くの人に届き、セクシュアル・マイノリティについて知ってもらえますように。

contents

目次

第4章

第5章 不安で仕方がなかった就職活動

第1章

ＬＧＢＴとは

ＬＧＢＴとは

ＬＧＢＴという言葉は最近メディアでよく聞くようになった。知っている人も多いと思うが、最初に簡単に説明する。

ＬＧＢＴとは、レズビアン、ゲイ、バイセクシュアル、トランスジェンダーの総称である。

英語で表記するとレズビアン＝Lesbian、ゲイ＝Gay、バイセクシュアル＝Bisexual、トランスジェンダー＝Transgenderとなり、頭文字を取ってＬＧＢＴとなっている。

レズビアンは女性同性愛者、ゲイは男性同性愛者である。バイセクシュアルは男女両性が性愛の対象となる人を指す。

トランスジェンダーに関しては定義が難しいので、あくまで私の認識では、という説明しかできないが、生物学的な性や社会的な性役割に収まらない人である。性同一性障害＝トランスジェンダーだと思っている人もいるかもしれないが、性同一性障害とは異なる概念だ。

性同一性障害は生物学的な性とは異なる性自認を持ち、体の性別を性自認に近づけるための医療を求める際に使う医学的な疾患名である。トランスジェンダーは性同一性障害の人以外にも、「女に生まれたけど、なんか違うな」と思っている人も当てはまり、もっと広い概念だという理解をしている。

ＬＧＢＴと一括りにされているが、ＬＧＢとＴは性質が異なる。

ＬＧＢは性的指向、つまり性愛の対象が何なのか（同性か異性か両性か）に着目しているのに対し、Ｔは性自認、つまり自身の性をどう捉えているかに着目している。だから、レズビアンかつトランスジェンダーという人も存在する。

Ｔについて、ＦＴＭトランスジェンダー／ＭＴＦトランスジェンダーという表現がある。ＦＴＭはFemale to Maleの略で、体の性別が女性で性自認が男性のトランスジェンダー。MTFはMale to Femaleの略で、体の性別が男性で性自認が女性のトランスジェンダーである。

また、セクシュアル・マジョリティではない人、すなわちセクシュアル・マイノリティと言われる人たちが全員LGBTかというと、そうではない。LGBT以外のセクシュアリティもある。結構たくさんある。よく「グラデーション」と表現される。

用語だけ紹介してもいいのだが、挙げるとキリがないのと、どれだけカテゴライズするか、どれだけ名前つけるかの問題であり、**既存のカテゴリーに当てはまらない人もいたりする**ので、**「よく知られているものとしてLGBTがあるけれど、他にもたくさんある」**ということが伝わればいいかなと思っている。

私はＬＧＢＴのＢです

ちなみに私はバイセクシュアルだと言っているが、厳密に言うとパンセクシュアルである。

パンセクシュアルは全性愛者で、男性、女性という性に当てはまらない人も含め、性別関係なく好きになる人だ。バイセクシュアルは男性も女性も好きになるが、パンセクシュアルはそれ以外の人も含む。そういう意味では、パンセクシュアルの方が対象範囲が広いと言えるだろう。

また、もっと言うと、私はパンセクシュアルであり、かつＸジェンダーでもある。

Ｘジェンダーが何かというと、これも定義が難しいから私の勝手な説明になってしまうが「生物学的な性別には当てはまらない性自認を持っている人」と言えば伝わるだろうか。

数学でXがいろんな数字になるようなイメージだ。

私は「性自認がよくわからない人」と雑に捉えている。

私の場合は、「生物学的に女であることはわかっていて、違和感もないけど、女だと思えない感じ」をカテゴライズされたセクシュアリティに当てはめてみたら、Xジェンダーが一番近かった。

だから、

「パンセクシュアルでXジェンダーです。」

という自己紹介が一番現実に近いのだが、はっきり言って、伝わらない。伝わらない言葉をあえて使うことにも意味はあると思う。でも、私は使わない。

言葉の意味をきちんと説明してわかってもらえたらそれがベストなのかもしれない。でも、そうなったらもはや「パンセクシュアル」や「Xジェンダー」という言葉を使う必要性はなく、最初からその言葉に頼らず、自分の感覚をそのまま説明するのと変わらない。要は、面倒なのだ。

別に相手も、そこまで細かいことを知りたいわけじゃないだろうし、自分の中の小さなこだわりを押し付けるのも申し訳ない。だったら、バイでいいや、と思ってしまう。

バイセクシュアルという言葉は多くの人が知っていて、説明しなくても大抵伝わる。私はそれで問題ない。

差別だと思われないために

ここで一つ注意事項。レズビアンのことをレズ、ゲイのことをホモという人がいるが、実は差別的な呼び方だとされている。

当事者の中には不快な思いをする人もいるので注意が必要だ。差別する意図はないのに、知らなかっただけでお互い嫌な気持ちになってしまったら悲しいので、これを機に頭の片隅にでも入れておこう。

ちなみに、当事者が自虐的に自分のことを「レズ」「ホモ」と言うことはあるが、あくまで自虐であり、そういう人でも他人から言われるのは嫌だというケースが多いので、誰に対しても「レズビアン」「ゲイ」と言ったほうが無難である。

容姿に自信のない人が自分でブスだと言っていても他人からブスと言われると傷つくのと似ている。言葉狩りはあまり好きではないから、差別する意図がない人を責めるつもりはないけれど、「『レズ』『ホモ』が差別的な呼び方である」という事実ははっきり伝えておきたい。

実際不快な思いをする人もいるわけだし、私も言葉狩りは好きではないと言いつつ、理性で感情を抑えているところもあって、やはり（バイだけど）「レズ」と言われると「ん？」と感じることはある。

では、バイセクシュアルをバイと略すことはどうなのだろうか。実はこれに関してはあまり言説を聞かないというのが正直なところだ。周りのバイセクシュアルの人も気軽に「バイ」と言っており、私自身も「バイ」と略している。他人から「バイ」と言われて嫌悪感や不快感を抱いたことは、一度もない。ただ、あくまで個人的な話なので、参考までに。

とにかく差別用語だということは知っておいて損はない。相手との関係性がしっかりできていれば「この人は差別するつもりはなく、ただ差別用語だということを知らないだけなんだ」とわかるが、そうでない場合は、**言葉だけで判断されて、差別したつもりはないのに差別だと思われてしまう可能性がある。**

それって単純に、もったいないな、と思う。

アライとは

セクシュアル・マイノリティに関する話をしていると、「アライ」という言葉をよく耳にする。「アライ」とは、セクシュアル・マイノリティに理解のある人、支援してくれる人のことを指す言葉だ。英語で書くとAllyで、同盟者や味方と訳される。つまり、セクシュアル・マイノリティ当事者ではない、セクシュアル・マジョリティの人で、**セクシュアル・マイノリティが生きやすい社会になるように応援してくれる人**のこと。私たちにとってすごくありがたい存在だ。

似たような言葉として「フレンドリー」があり「LGBTフレンドリー」と言ったりするが、アライとの違いは積極性にあると思っている。フレンドリーというと「偏見がなく、攻撃してこない」「理解してくれている」「受け入れてくれる」というスタンスのイメージで、アライは積極的に支援してくれる、何かしらの活動が伴っている人のイメージがある。（もちろん、どちらがより良いかという話ではなく、どちらもとてもありがたい存在だ。単にイメージの違いがあることだけを伝えたい。）

アライの人の存在のありがたさについてもう少し触れたい。セクシュアル・マイノリティ当事者はカミングアウトしていないと活動することが難しい。オープンにしていない人が表立って何かを発信することはできない。だから、活動はアライの人の協力があってこそ進められる側面もある。また、当事者だけの活動だと、「自分たちの利益を追求しているだけ」だと思われてしまう可能性もあるが、アライの人も一緒だと「あるべき社会を目指している」と受け取ってもらいやすい。

だが、セクシュアル・マイノリティのコミュニティにアライの人が参加することに抵抗感を抱く人もいて、これは結構な頻度で議題として挙がってくる。

理由はいろいろある。
・アウティング（本人が望んでいない形で他人がセクシュアリティを暴露すること）の問題に繋がりやすいという指摘。
・コミュニティは共通点を持った人が集まるものであり、その境界線をなくしたら（厳密には、広げたら）意味がないのではないかという意見。
・アライの人と悪意ある人をどう見極めるのかという疑義。

このような意見や指摘に関してできる提案としては、「そもそもセクシュアル・マイノリティ当事者の〝居場所〟としてのコミュニティなのか、セクシュアル・マイノリティが生きやすい社会を目指す〝活動をする〟ためのコミュニティなのか、目的を明確しよう」というものがある。

私が所属していたサークルでもこの「目的を明確にする」必要性が生じ、目的に応じた形でコミュニティが増えた。

第2章

思春期は
女子校でした

挫折を味わった小学生時代

一般的に思春期と呼ばれるこの時期。悩み多き思春期だった、と言いたいところだが、セクシュアリティに関しては一切悩んでいなかった。ある意味幸せな時期だったと言える。

その頃、男子を好きになるのと同じように女子のことも好きになっていたのだが、**自分を客観視することがなかったため、悩むにも悩みようがなかった**というのが実情だ。

自分を客観視することがなければ、自分自身のことで悩むこともない。ないというか、できない。今振り返れば、悩んだり疑問に思ったりすることがなかったことが不思議だが、客観視しないとそういうものなのかもしれないと自分を納得させている。

では小学生の頃から順に書いていくことにする。

セクシュアリティの話をする前に、当時の私がどのような状況だったかについて触れておこうと思う。

小学生の頃は、時間があれば外で遊び回っている元気な子だった。勉強は学校の授業以外ほとんどしていなかったが、真面目な性格だからか、宿題はサボらずにしっかりやっていた。

小学校高学年になると中学受験を意識して塾に通ってみたりもしたが、兄が中学受験で合格していたことと、学校の成績が良かったことから、受験すれば受かるものだという甘い気持ちでおり、ただ通っていただけで全然勉強していなかった。

当時はちゃんと塾に通っている＝勉強しているという式が自分の中で成り立っていたので、勉強していないなんて思っていないが、今思えば勉強していたとはとても言えない状態だった。

で、結局不合格。

2校受けて、2校とも不合格。遊んでおきながら、ではあるが、2校とも不合格というのはものすごく衝撃的だった。不合格だと知ったときは悲しくて泣いていたけれど、負け惜しみでも何でもなく、これは自分にとって良い経験だったと思っている。なぜなら、

・競争に勝たないと合格できない。
・点数＝数字＝結果が全て。

ということを実感できたから。

大して勉強していないくせに、自分は当然に受かるものだと思っていた、つまり根拠のない自信があったわけだが、「いやいや、合格ラインの点数が取れなかったら当然落ちますよ」と結果を突き付けられて、現実を思い知ったのだ。

〝女〟はあくまで記号

で、恋愛はどうだったかというと、小学校1年生の頃から好きな人はいた。当時の「好き」がLIKEなのかLOVEなのかはわからないが、突き詰めるとそもそもLIKEとLOVEの違いとは何なのか、というところから始めなければならなくなるので、まぁどちらでもいい。

とにかく好きな人がいて、それは男子だった。クラスの人気者、いわゆるモテる男子を好きになるという、単純な（？）好意だった。

好きだったけれど、告白して付き合うとか、手をつないでデートするとか、そんなイメージも湧かず、ただ好きでいただけだった。たぶん、憧れに近い好意だったのだと思う。

実はこれは今も変わっていないのだが、私の好きな人は「そうなりたい人」であり、つまり私は「なりたい人」を好きになるのである。

私は自分自身のことを女だと思っていなかった。

正確に言うと、生物として女であり、社会的にも女として振り分けられていることは理解していて、そこへの違和感は特になかったのだが、自分が女だとは思っていない感じ、理解しているけれど、実感はないといった状態だった、というか、今もそう。

自分を男だと思っているわけではない。ただ人間であり、女という記号を割り当てられただけ。そんな感覚だ。

入学したら学生番号が割り当てられる。入社したら社員番号が割り当てられる。それと同じで、この世に人間として生まれてきたから、性別が割り当てられる。それが女だった。私の中では、性別はこういう位置づけだ。

社員番号が26番だったとして、自分は26番だと思って生きるわけじゃないでしょう?

でも、26番であることは理解でき、違和感もないでしょう?

それと同じで、理解もしていて、違和感もないけど、それが自分だとは思えない感覚。**性別が記号でしかない感覚。**記号だから、記号として女である分には問題ない。だが、意味を持った「女」として扱われると、ものすごい違和感があった。

たとえば、性別欄に女と書くのは、学生番号を書くのと同じで記号だから違和感がないけれど、「女の子だからスカートを履きましょう」と言われると「それは無理」と感じた。

性別欄に戸籍上の性別を書くのもつらかったというトランスジェンダーの方もいるが、私はその点については問題がなかった。だからあまり悩まなかったのかもしれない。

女という性別は私にとって記号だった。

だから、**女という意味を持つ、女を象徴するかのようなもの＝〝女の記号〟を身にまとうことにはものすごく抵抗感があった。**

具体的に言うと、スカートは履きたくなかった。一人称を「私」にしたくなかった。髪も伸ばしたくなかった。

小学生の頃はそれでもよかった。卒業式も、大半の女子がスカートを履く中、親にズボンがいいと伝えてズボンを買ってもらった記憶がある。

あまり周囲のことを気にしないタイプ、というと聞こえはいいが、周りが見えていないタイプなので、皆がスカートを履く中、ズボンを履くことは全然気にならなくて、むしろスカートを履かずに済んだことにホッとしていた。

制服のスカートが嫌

問題は中学生になる時。

小学校は私服だったが、中学校は制服だった。制服はスカート。それが嫌で嫌で仕方なかった。

スカートを履くこと自体も嫌だったけれど、なによりも「知人にスカートを履いている姿を見られる」ことが嫌だった。受験した中学校も制服でスカートだったので、スカートを履かなければいけないという事実は変えられなかったが、合格していたら「知人にスカートを履いている姿を見られる」ことは避けられるはずだった。それなのに、不合格だったために見られることになる。不合格という事実を受け止めることができても、このことはずっと心に引っ掛かっていた。

とにかく女の記号を身にまとっている姿を見られたくなかったのだ。

中学校は2つの小学校の生徒が集まるところだったので、半分くらいの人が知り合い、残り半分は知らない人、という環境だった。

入学してわりとすぐ、別の小学校から来た同じクラスの男子を好きになった。小学校の頃と同じく、クラスの人気者、モテる男子だった。

運動も勉強もできる人で、私はその人になりたかった。告白することもしなかったし、付き合うイメージも湧かなかった。ただただ好きで、憧れていた。

と、ここまで書くと、「男子しか好きになっていないのでは？」と思われるかもしれない。というか、私自身も当時は男子しか好きになっていないと思っていたが、実は小学生の頃も中学生の頃も、女子にドキッとする場面があったり、女子を好きになったりしていたのだ。

小学生の頃は体育の時間の着替えで女の子の上半身（裸）を見てしまってドキッとしたことがあった。また、ある時期はスポーツのできるクラスの女子を好きになっていた。

同性を好きになったという感覚はなく、ただその人が好きで、その人になりたいと思っていた。

おそらく、当時の男子を好きになった感情と女子を好きになった感情は同じだと思う。ただ、先程「私自身も当時は男子しか好きになっていないと思っていた」と書いたように、その感情に対する自分の中での捉え方は男女で異なっていたようだ。

たとえば、男子を好きになった時は、「好きな人は誰？」と聞かれたら答えることができたけれど、女子を好きになった時は聞かれても内緒にしていた。

なぜか。男子を好きになるのが〝普通〟だからこれは恋愛感情ではないと思っていた。つまり女子に恋愛感情を抱いた自覚がなかったというのも理由の1つだ。だが、一番の理由は、ジェンダーの刷り込みにあると思う。きっと、**誰しもが社会から刷り込まれるジェンダーを、私も例に漏れず刷り込まれていて、心のどこかで言ってはいけないと思っていたのだろう。**

ちなみに中学生になってからは、最初は男子を好きになったけれど、途中からドキッとする女子ができて、気になっていた時期もあった。

新しい学校へ転校

中学2年生の1月から、私は別の学校に通うことになる。

父親の転勤で愛知から広島に引っ越すことになったのだ。正直に言うと、当時入っていた部活の人間関係に苦しんでいたので、父の転勤の話は渡りに船だった。私にとってはありがたい話だったのだ。一刻も早く転校したかった。

人間関係に苦しんでいたというと、「セクシュアリティが原因？」と思うかもしれないが、セクシュアリティには関係なく、年頃の女の子にありがち（？）なドロドロの人間関係が原因だった。

そのドロドロのしがらみから逃れられるという意味で、当時の私は救われた気持ちになったが、実は今振り返ってみても、別の意味であの頃の転校はよかったと思っている。というのも、中学受験に失敗した私は地元の公立中学校に通っていたわけだが、この転校を機に、もう一度受験することになったからだ。

受験といっても編入試験なので、私のためだけの試験だが……。広島の私立中学に母親が娘を編入させたいと話してくれて、私は編入試験を受けさせてもらえることになった。一度失敗しているから、点数にはこだわって、約1ヵ月、頑張って勉強した。私立は公立よりも勉強のペースがはやく、全然習っていない、しかも難しそうな内容をやっているようだった。

その学校ではどこまで進んでいるのかを聞き、私立中学に通っていた兄の教科書を借りて独学した。他の人が1年以上かけて学んだことを独学で1ヵ月で詰め込むのだから、範囲全てを完璧に理解できたわけではないけれど、「合格点は絶対取る」という気持ちで真剣に勉強した。

小学生の頃の失敗を繰り返したくないと思っていたし、失敗から学んだ「試験では点数が全て」という当たり前のことを胸に刻んで臨んだ。

たしか6割がボーダーだったと思う。決して高くはないけれど、試験範囲のほぼ全てを独学で押さえる必要があったことと、1ヵ月しか勉強する期間がなかったことから、私にとっては高いボーダーラインだった。

結果は、合格。
エスカレーターで高校まで行けるため、高校受験をする必要もなくなり、少し気がラクになった。

ちなみに、転校先も私服ではなく制服で、しかもスカートだった。でも、この頃はスカートを履くことにも、スカートを履いている姿を見られることにも慣れてしまったので、小学校から中学校に上がるとき程の嫌悪感はもうなくなっていた。

「好きな人、できた?」

転校後の学校で、私は早速好きな人ができた。
それは同じクラスの人だった。ちなみに、転校後の学校は女子校である。つまり同性を好きになったということだが、何度も言っているように、自分を客観視できていないため、だから自分は同性愛者/両性愛者だ、という自覚には繋がらなかった。

ただその人が好きで、憧れていて、その人になりたかった。自分が女であるという感覚も持ち合わせていないため、同性を好きになったという感覚にならなかったのかもしれない。

とにかく、その人が好き、というただそれだけのことだった。小学生の頃に女子を好きになったことや、転校前の中学で女子にドキッとしたことと大きく違うのは、自分でこれは恋愛感情だと思えたことだった。そこははっきりとしていた。
周りに男子がいない環境だったからこそ、恋愛感情だと思えたのだと思う。周りに男子がいたときは「気になる男子はいるけど、女子にもドキッとする」という状態だったから、「恋愛感情を抱いているのは男子」であって「女子にはただドキッとしているだけ」だと思い込ませることができたし（無意識だが）、〝女子へのドキッ〟に向き合う必要もなかった。でも、周りに女子しかいない状態で女子にドキッとしたとなると、その感情に真っ向から向き合うしかない。だからだろうか、帰り道に「そういえば、そろそろ好きな人できた？」と聞かれたとき、さらっと「できたよ」と答えている自分がいた。

「えっ!?　どこの学校の人？」

これが、「好きな人できた？」と質問した人のリアクションだった。
どうやら、他の学校の男子を好きになったと思ったらしい。自分たちが女子校の生徒だったことと、〝普通〟は異性を好きになることを考えると、当然のリアクションかもしれない。でも、当時の私はそのリアクションに逆に少し驚いていた。

「えっ、なんで他の学校なの？」って……。

自分では〝普通〟のことだからさらっと「同じクラスの人」と言ったのだが、周りの人たちはものすごく驚いていた。

「えー？　女子!?　誰？」みたいな反応だったと思う。

翌朝、学校に着くと、同学年の人ほぼ全員が私の好きな人を知っていた。噂が広まるのは早いのだ。

当然本人にも私の好意は伝わったが、だからと言って態度を変えたり、避けたりするような人ではなかった。何も言われず、何も変わらなかった。改めて、いい人を好きになったな、と思う。

この話をすると、「噂を広められて嫌じゃなかったの？」とよく聞かれるのだが、嫌ではなかった。

それに関しては、特に何も思っていなかった。私にとっては、ただその人が好き、という事実があるだけだった。本当に周りを気にしないというか、周りが見えていないというか、客観視してこなかったんだな、と思う。噂が広まったことによっていじめられたりしたら嫌だったと思うけれど、そんなこともなく平和だったのだ。

実は嫌なことが完全にゼロというわけではなかったのだけれど、みんなお年頃、ここは総じて平和だったということにしたい。

異性を好きになると思っていた

その人のことは高校を卒業するまでずっと好きだった。自分が同性を好きになったとは思っていなかったし、自分が同性を好きになることもある、という自覚もなかった。

だから、「大学生になったら彼氏をつくろう」と多くの人が思うようなことを私も思っていた。自分は当然に異性を好きなるものだと思っていた。

当時の「好き」は恋愛感情だったと今は断言できるが、一方で**「女子校にありがち」なものとして捉えている自分もいた。**「女子校だと、女子を好きになることもある」と一時的な感情として語られることがあるように、私自身もそんなものかな、と思っていた節があるのだ。

女子校にありがちなことだし、自分を女だとも思えないし、同性を好きになったという感覚ではなく「ただその人が好き」なだけだったし……と、全く自覚していない。大学生になったら「彼氏」ができるものだと思っていたのも無理はない。

別に自分のことを異性愛者だと思っていたわけではない。多くの異性愛者が自身を異性愛者だと意識していないように、私も意識していなかった。ただ、そういうものだと思っていた。

マジョリティ側に属する人は、マジョリティ側に属していることを意識する機会がほとんどない。日本にいたら日本人であることを意識しないで暮らすことになるけれど、海外に行くと日本人であることを意識するのと同じである。

自分を「同性を好きになる」人だと意識することがなければ、異性愛者だと意識することもないのだ。

そういえば、テレビにゲイのタレントが出ていた時、「この人は本当に男が好きなの？」とすごく不思議に思ったことがあることを思い出した。中学だったか高校だったか、もういつのことなのか覚えていないのだが、たまたまテレビにゲイのタレントがうつっていて、男が好きという話をしていて、そんな人がこの世に存在するなんて思ってもいないから、とても不思議だった。

たしか、近くに母親がいて、「これって本当?」と聞いたような気がする。母親がどう答えたか覚えていないが、当時の私は信じられなかった。自分が同性を好きになっておきながら……。客観的には同性を好きになっていたけれど、主観的にはただその人が好き、という事実しかなかった。だから同性を好きになる人の存在が不思議だったのだろう。おかしな話だが、客観視できないとはこういうことなのである。

レインボープライド

レインボープライドとは、セクシュアリティに関係なく皆が楽しめるお祭りである。というとざっくりしすぎているので、2017年の東京レインボープライドのホームページの言葉を借りる。

『東京レインボープライド』は、性的指向や性自認（SOGI＝Sexual Orientation, Gender Identity）のいかんにかかわらず、差別や偏見にさらされることなく、より自分らしく、各個人が幸せを追求していくことができる社会の実現を目指すイベントの総称です。

『パレード』『フェスタ』をメインイベントとし、ゴールデンウィーク期間中には『レインボーウィーク』キャンペーンを実施しています。

これらのイベントを通して、「〝性〟と〝生〟の多様性」を祝福する場を提供

COLUMN

しています。(http://tokyorainbowpride.com/about-trp2017)

レインボープライドは、東京だけでなく他の地域でもやっているが、日本で一番大きいイベントは東京の代々木公園で行われる「東京レインボープライド」だ。

私は２０１５年から毎年参加していて、今年２０１７年は3回目となった。最近はメディアで取り上げられることも多いので、パレードの様子を写真や映像で見たことがある人もいるのではないかと思う。ＬＧＢＴの象徴である虹＝レインボーのものを身に纏っている人が多く、カラフルだ。

パレードを歩くのも楽しいが、様々な企業や団体がブースを出しているので、公園内のブースを見て回るだけでも充分楽しめる。

カップルで写真を撮ってくれるブースや、肌年齢を診断してくれるブース、体にペイントしてくれたり、シールを貼ってくれたりするブースもある。

グッズの販売をしているブースもあり、虹のアクセサリーやサングラス、Ｔシャツ、レインボーフラッグ等が並んでいる。虹色なので、とても華やかだ。

あとは、同性愛者向けのアダルトグッズも売っていたりする。余談だが私は去年ブースでレズビアンセックスの本を買った。しかしその本を役に立てる日は来ていない。

真面目に社会問題と向き合うブースもある。そこでは学校や職場での問題について話し合ったり、意見を発信したりする場が設けられている。

悩んでいる人、問題意識を持っている人、ただ楽しみたい人。いろんな人がいる。それぞれの目的に合ったブースがきっとある。まだ行ったことがない人には、ぜひ一度行ってみることをおすすめしたい。きっと有意義な時間が過ごせるはずだ。

第3章

アイデンティティと向き合った大学生時代

初めてセクシュアリティに悩んだ

高校を卒業し、大学生になった。
東京大学に合格したので、広島から上京した。
大学生になって初めて自身のセクシュアリティのことで悩むようになる。
悩むといっても、何かつらい出来事があって苦しんでいたわけではない。

「壮絶ないじめが……」
という話も
「眠れない日が何日も続いて、大学に通うこともできなかった」
という話も出てこない。

このような過去を振り返る本だと壮絶な過去の話が出てきそうだが、残念ながら、いや、環境に恵まれてありがたいことに、そのような過去は存在しない。

前章で「自分を客観視することがなかった」と書いたが、ここにきてようやく自分のアイデンティティと向き合い始めた。

私の悩みは、自分のことを深く考えるという類の悩みだった。

大学生といえば、サークルにアルバイトに恋愛に（勉強に）と何かといろいろなことに取り組む時期である。私もそれらを楽しんだり（時に苦しんだり）していた。

この章では、そんな大学生時代について書いていく。

彼氏ができると思っていた

高校は女子校だった。「大学生になったら誰かと付き合いたい」「彼氏ができるはず」と何の疑問もなく思っていた。

そこに「彼女」という選択肢はなかった。

高校では同性が好きだったのに、なぜ選択肢になかったのか、当時の自分にツッコミを入れたいところだが、ないものはない。

実際に自分は同性を好きになっておきながら、恋愛は異性とするものだという刷り込みがあったのか、同性を好きになるということはどこか別の世界の話のような気がしていた。当然のように恋愛＝異性としか思っていなかった。

そして繰り返し述べているが、自分が同性を好きになったことも、同性を好きになったという感覚ではなかった。

「その人が好き」というただそれだけのことで、性別は眼中にないというか、

「その人が好き」という気持ちだけしかないというか、とにかくそれ以外のことが見えていなかった。

客観視もできなければ、周りも見えないという、振り返ると「大丈夫？」と心配になる状態だった。

とはいえ**客観視できないのはある意味幸せなことで、思春期にありがちな「同性を好きになる自分はおかしいのではないか」といった悩みは一切なかった。**

そういえば誰かが、「イタい」という言葉について、「それは他人が感じるものだ」と言っていたことを思い出す。つまり、イタい本人はイタくない、ということ。イタい人を見て周囲の人は「イタいやつがいる」と痛々しい気持ちになるが、本人はイタいと思っていない幸せ者なのだ。

客観視できないがゆえに悩まないという点はこれと似たものを感じる。別に同性を好きになることはイタいことでもなんでもないし、恥じることでもないし、悩む必要もないことなんだけど、それでも多数派ではないという意味で悩みポイントになりがちだから、客観視できないくらいの方がいいのかもしれない。

そんなこんなで悩まなかった高校時代の話をしたが、大学時代には少し悩んでいた。

客観視するということを覚えてしまったのだ。いや、正確にいうと客観視とは少し違うのかもしれない。今でも客観視はびっくりするくらいできていないらしい（会社の先輩の証言による）し、当時の自分にそんなことができていたとは思えない。まあいい。よくわからないけれど、とにかく自分のことについていろいろと考えていた。そんな大学1年生だった。

自覚に至るきっかけと言えるほどのきっかけはなく、ぼんやりと疑問を抱き始め、それが徐々に膨らんでいった感じだ。「彼氏ができるはず♪」とわくわくしていたものの、いっこうにできない。

「そんなの単にモテなかっただけでしょ」と言われてしまいそうだが、彼氏ができないだけでなく、好きな人もできなかった。

ご存知かもしれないが、東大は男女比が偏っている。男性が8割ほどを占める。私のクラスは奇跡的にバランスがよく、男女半々くらいだったが、それでも全体を見れば男性が圧倒的に多い。

つまり、出会いはいくらでもあるわけで、比率だけで考えるとかなり恋愛しやすい状況だったといえる。それなのに……なぜか好きな人ができない。

「周りの男性に魅力がなかっただけじゃない？」という大変失礼なツッコミがくることも考えられるが、というか私自身も自分が異性を好きになれなかった理由の1つとして「魅力的な異性がいなかったのかな」と思ったりもしていたが、そんなことはない。

少しでも「魅力的な異性がいなかったのかな」と思ったりしたことが今なら申し訳ないと思える。でも、当時はそれなりに悩んでいたので、結構真剣に理由の1つとして挙げていた。

男性に興味を持てず、代わりに（？）ちょっといいなと思うような心惹かれる人もちらほらいて、それは全員同性だった。

ポイントはここ。

ちゃんといいなと思う人はいたのだ。それが恋愛感情と呼べるものなのかはわからなかったけれど、確かに心が惹かれていた。

それも1人ではなく、ちょっといいなと思う人が何名かいたのだ。


好きな異性ができない。そのかわり、ちょっといいなと思う同性がいる。この2点があわさって、「あれ?」とぼんやり疑問を抱くようになる。

そして疑問を抱けば調べたくなるのが人間というもの。この時代なので、調べようと思ったらインターネットですぐに調べることができる。

最初は小さなモヤモヤだったが、時間をかけて疑問が膨らみ、そのことで頭がいっぱいになった段階でついにインターネットで検索してしまった。大学1年生の夏頃の話だ。

同性を好きになるという自覚

調べたら情報はいくらでも出てきた。「同性愛」というものがあるらしい、ということはぼんやりと知っていたし、「ホモ」「ゲイ」「レズビアン」という単語も知ってはいた。それでも、テレビに出ている人の話だと思っている節があり、しかも「本当に同性を好きになる人がいるの？」と疑っていたくらいだ。

自分が同性を好きになっておきながらおかしな話だが、客観視できていなかったことと、同性を好きになったという感覚ではなく「その人が好き」としか思っていなかったことを考慮すると、この矛盾も少しは理解してもらえるだろう。

検索してみて、ようやく同性愛というものが現実にあるものなのだと知った。知ったというより、理解した、という感じかもしれない。

ここでようやく、「そうか、私は同性を好きになっていたんだな」と気づいた。「気づくの遅すぎでしょ」と思う。

同性愛が自分の中で現実のものになった瞬間だった。とはいえ、この段階で自分のことを同性愛者だと思ったわけではない。調べてみると、同性愛以外にも様々なカテゴリーがあることがわかった。バイセクシュアルという単語も、この時初めて知った。トランスジェンダーという単語も知り、もしかして私はトランスジェンダーなのかも、と思ったりもした。情報が多すぎて、混乱していた。自分が何者なのかわからなくなっていた。

調べ始めてから、自分の過去を振り返るようになった。「そういえば小学生の頃や中学生の頃も、同性にドキッとすることがあったなぁ」などと思ったり。**過去の自分と、手に入れたばかりのたくさんの情報とを結び付けて、自分がどのカテゴリーに当てはまるのかを必死で探っていた。**

当時、ｍｉｘｉが流行っていた。そこで見知らぬレズビアンの人に自分の過去を語り、「私は何者なんでしょうか」と質問したこともあった。「いや、それは人に聞くようなことじゃないでしょう」と今なら思えるが、当時は本当に混乱していて、それほど必死だったということで許してあげたい。

ありがたいことに、私から突然話しかけられたｍｉｘｉの人はとても丁寧に返信してくれた。

たしか、「お話を聞くかぎりだとバイセクシュアルのように思えます。でもそれは自分がそうだと思うことであり、他人が決めることではないですからね」といった内容だったと思う。思いやりのある、あたたかい内容だった。

ｍｉｘｉではコミュニティに参加することができる。自分のセクシュアリティのことで悩んでいた私は、セクシュアル・マイノリティ関連のコミュニティにいくつか参加していた。

そのコミュニティで特に何かをしたわけではないが、情報収集に役立つかもしれない、誰かとやり取りする中で自分のことがわかってくるかもしれない、という思いで参加していた。

コミュニティに参加すると、自分のプロフィールの参加コミュニティ一覧に表示されるため、自分以外の人にも自分の参加コミュニティがわかる仕組みになっていた。

ある日、私がセクシュアル・マイノリティ関連のコミュニティに参加していることに気づいた東大の先輩（全く知らない人）から突然声をかけられた。と言っても、道端で、ではない。もちろんｍｉｘｉ上での話。メッセージが届いたということだ。

その先輩はゲイで東大のセクシュアル・マイノリティサークルに加入しているという。近々ちょっとした食事会があるので、もし興味があったら参加してみませんか、というお誘いだった。私は何のためらいもなく、参加させてくださいと返事をした。

これがネットではなくリアルでセクシュアル・マイノリティの人と会う最初の出来事となった。

ｍｉｘｉをやっていなかったら……、コミュニティに参加していなかったら……、この先輩に声をかけられなかったら……。

私の人生は今とは全然違うものになっていたかもしれない。当時は「とりあえず参加してみよう」と特に深く考えていなかったが、今思えばあの一歩は大きな一歩だった。

初めてのカミングアウト

実際に参加してみてどうだったか。まず驚いたのが、全員年上のゲイだったということ。

当時10代だった私は、少し歳の離れたゲイの先輩方に囲まれ、少し浮いていたと思う。大学1年生ということもあり、下ネタにもそんなに慣れていなかったため、ところどころにはさまれる下ネタに内心少し戸惑っていた。そしてそんな戸惑いを先輩方が察知してくれて「(私がいるんだから)やめなよー」と言ってくれたりと優しさも感じていた。

ゲイの人と接してみて、**『当然のことだけど当然のように存在するということが肌感覚で理解できた』**のは、良い経験だったと思う。

皆優しい人たちで、年齢とセクシュアリティという属性だけを見たら1人だけ混じっていた異物のような存在だった私を仲間として接してくれた。

正面に座っていた他大の先輩が、私が自分のセクシュアリティに悩んでいることをうけ、「レズビアンの知人がいるんだけど、紹介しようか」と言ってくれた。なんと、私と同じ高校に通っていた先輩だという。

ぜひ会ってみたいということで、紹介してもらい、会うことになった。

このサークルの食事会に参加することには何のためらいもなかったが、正直に言うとレズビアンの先輩に会うことは少し躊躇する気持ちがあった。**会ってしまうと、自分が〝あっち側の世界〟に足を踏み入れてしまい、もう後戻りすることができないような、ちょっとした怖さを感じていた。自分のセクシュアリティが何なのかわからなくて〝自分に当てはまるカテゴリー〟を探し求めている一方で、自分が同性愛者（実際は同性愛者ではないが）であることを認めたくないような気持ちもある**という状態だった。

この不安を解消したかったのか、大学の同じクラスの友人に、スカイプでカミングアウトをした。

初のカミングアウトだ。文字で伝えたので、伝えやすかった。自分は両性愛者かもしれない、ということを伝え、今度レズビアンの先輩に会ってくる、と話した。（実はこのあたりの記憶が曖昧で、レズビアンの先輩に会ってからカミングアウトをしたという流れなのか、右記のような流れなのか定かではないのだが、これで合っていることにしておく。）

友人は、まっすぐに私の話を受け止めてくれた。私が嫌な思いをするようなことは何も言わなかった。何か優しい言葉をもらった気がするが、忘れた。優しかった、ということだけ覚えている。初のカミングアウトがこの友人でよかった。**絶対に否定されない自信があったから言えた**のだと思う。

ここで着目したいのが、友人へ自分は「両性愛者」かもしれないと伝えたことだ。同性愛者でもなく、トランスジェンダーでもなく、両性愛者と伝えた。同性愛者かもしれないという思いもあったし、トランスジェンダーかもしれないという思いもあった。自分のことがまだよくわかっていない段階でのカミングアウト。

その段階で両性愛者かもしれないと言ったのは、過去を振り返ると同性を好きになった事実も異性を好きになった事実もあり、「確実」だと思える要素を抽出すると、両性愛が一番しっくりきたからだ。

人に伝えると、それが自分の中でも強化されていく。そういうものなんだと思う。カミングアウトの効果の1つと言えるだろう。

バイセクシュアルだと宣言することで、自分がバイセクシュアルであるという認識がより明確なものになる。この初のカミングアウトは、宣言というものでもなく、悩み相談に近いものだったが、それでも**「両性愛者」という単語を自分から他人に向けて発したということが、アイデンティティに少なからず影響を与えたのではないかと思う。**それがたとえ「かもしれない」という曖昧なものだったとしても。

自分の中の感覚が変わった

さて、レズビアンの先輩に会ってどうだったかという話に移るが、話した内容自体は失礼ながら特に印象に残っていない（ごめんなさい）。ただ、レズビアンの先輩に会ってお話をした、という事実が私にとって重要だった。〝あっち側の世界〟に足を踏み入れることを少し恐れていた私が実際に足を踏み入れた結果、〝あっち側の世界〟だとか〝後戻りできない〟だとか、**セクシュアル・マイノリティとセクシュアル・マジョリティを分断するような感覚が薄くなった。**

そもそも〝あっち側の世界〟とか〝後戻りできない〟という表現自体どうなの、というツッコミがあるだろうし、今の私ならツッコミを入れるところだが、当時は真剣にそう思って悩んでいたのだ。

実際に足を踏み入れると、「なんだ。これまでと一緒じゃん」と思えた。客観的に見たら、レズビアンの先輩に会うだけで〝足を踏み入れる〟とか謎の感覚だし、この表現も失礼だし、ツッコミどころは満載だが、**会っただけでは何も変わらないという当然の結果が得られた。世界は何も変わらないけれど、私の中の感覚だけが変わった。**ただそれだけのことだった。

自分の中の感覚が少し変わった頃、あるメールが届いた。それは新しいセクシュアル・マイノリティサークルからのランチ会のお誘いメールだった。以前ゲイの先輩方と会った食事会のサークルとはまた別のサークルができたらしい。どういう経緯か忘れたが、たしか食事会の時に登録したメールアドレスが伝わってメーリングリストに参加することができたのだと思う。何はともあれ、メールが届いた。

迷わず「参加します」と返信した。ランチ会は東大の駒場キャンパスにある空き教室で開催された。

何年も前のことで記憶が曖昧だが、20人くらい集まっていたと思う。学生もいれば、社会に出て活躍されている卒業生もいた。

セクシュアリティも年齢も様々な人が1つの教室に集まってご飯を食べながらおしゃべりしていた。レズビアンの先輩に会った時と同様に、失礼ながら話した内容はほとんど覚えていない。それでも、このランチ会に参加して、**「いろんな人がいる」という当たり前のことを肌感覚で理解できたことは大きな収穫だった。**

どれだけネットで調べて「いろんな人がいる」ということを知ったとしても、実際に会ったことがあるのとないのでは大きく違う。どう違うのかと聞かれるとうまく言葉にできないのだが、「肌感覚でわかった」ことがとにかく大きかった。

肌感覚でわかるということは、知識があるだけではなく、「『いろんな人がいる』ことが前提として当然にある」感覚になる、ということだ。自然にそうだと思えるというか、「あ〜、いろんな人がいるんだな」と実感したというか。これだけ情報が溢れかえっている現代において、セクシュアル・マイノリティが存在しているということを知らない人はいないだろうし、実際に会ったことはないにしても、実際に存在するセクシュアル・マイノリティにテレビやネット等を通して何らかの形で接してきているだろう。そことの大きな違いが、「肌感覚でわかる」なのだ。

実際に「いろんな人」に囲まれて一緒におしゃべりをする。このランチ会がきっかけとなって、今後何度もランチ会に参加するようになり、その度に慣れるというか、セクシュアル・マイノリティの存在が当然のものになっていった。自分が当事者でありながら慣れるというのも変な話だが……。

ランチ会に参加するようになって、私は自分のセクシュアリティについてあまり悩まなくなった。〝仲間〟がいることに安心し、自分をあえてカテゴライズする必要がないと思ったからだろうか。とはいえ、サークルでは必ず自己紹介する場面があり、その時にはカテゴリーとして自分は●●です、と言えた方が便利だとも思っていた。だからセクシュアリティが決まった方がラクだという思いはあった。

一方で焦って決める必要はないという安心感もあった。周囲には私と同じようにセクシュアリティがよくわからないという人が複数名いたし、言わなければいけないという強制もないため、定まらない状態でも居心地がよかった。

ちなみに、このようなサークルに入る目的は人によって様々である。

私と同じく他のセクシュアル・マイノリティの人と繋がりたくて入る人もいれば、悩みを聞いてほしくて入る人もいる。

他のコミュニティでは実現しづらい、素の自分でいられる居場所を求めて入る人もいる。そしてもちろん、恋愛としての出会いを求めている人もいる。

実際にサークル内で恋愛に発展することはあり、私も東大のサークルではないが、他大学のインカレのセクシュアル・マイノリティサークルで出会った人と付き合ったことがある。

最近話題になったSOGIハラって？

「ＳＯＧＩ」という言葉を聞いたことがあるだろうか。ＳＯＧＩは、「性的指向と性自認（Sexual Orientation and Gender Identity）」のことで、ソジやソギと読む。

ＬＧＢＴと比べるとまだ認知度はそれほど高くない。私も最近この言葉を知った。

ではＬＧＢＴとの違いは何なのかというと、〝人〟か〝概念〟かという大きな違いがある。ＬＧＢＴはある特定のカテゴリーに入る〝人〟を表す単語、ＬとＧとＢとＴを合わせてできている。だから、セクシュアル・マイノリティの

COLUMN

うち、4つのカテゴリーに入る人たちを切り取った言葉であり、セクシュアル・マイノリティより対象範囲が限定的である。

一方、SOGIは性的指向と性自認という〝概念〟を表している。性的指向は何なのか、性自認は何なのか、という話は人類全員が関係あることで、その内容が少数派だと「セクシュアル・マイノリティ」と呼ばれる。

LGBTという言葉の認知度が高まり、理解も広まっているが、一方でLGBTに当てはまらない人たちもいるという指摘は常にあり、LGBTという言葉が広まるにつれ、そこへの問題意識も高まってきている。

そんな流れの中、出てきたのがSOGIという言葉。

国際人権法などの議論において使われているようだが、LGBTより言いやすく、使い勝手も良いので、今後もっと知られるようになればいいなと思っている。もちろん、概念と一緒に。

さて、本題の「SOGIハラ」についてだが、これは文字通り、SOGIに関するハラスメントのことを指す。つまり、性的指向や性自認を理由に、差別的言動や嫌がらせをして相手を不快にさせるハラスメントのことだ。

たとえば、

・性的指向を本人が望んでいないのに公表する
・飲み会で「ホモ」や「オネエ」と言ってからかう
・本人が望まない性別の服装を強要する

といったことが挙げられる。

セクハラが懲戒処分の対象となるという認識は多くの人が持っていると思うが、SOGIハラについてはどうだろうか。

実は、2016年12月1日に改正された人事院のセクハラに関する規則では「性的指向や性自認に関する偏見に基づく言動」もセクハラに該当すると明記

COLUMN

された。人事院は国家公務員の人事を取り扱う行政機関であり、民間企業や地方自治体でも同じような規則ができればもっと嬉しいが、これは大きな一歩だと捉えていいだろう。

また、男女雇用機会均等法のセクハラ指針に、セクハラの被害者はSOGIにかかわらずその対象となる旨が明記され、2017年1月1日から適用された。要はセクシュアル・マイノリティへのセクハラもセクシュアル・マジョリティと同じくセクハラですよ、ということが明確に示されたのだ。

個人的には「そんなの当たり前だよね」と思うのだが、その当たり前のことが通用しなかった現実があるからこそ明記されたわけなので、この意義も非常に大きいと言えるだろう。

SOGIハラもそうだが、あらゆるハラスメントに関して言えるのは、「相手が嫌がることはしないでね」というシンプルなことだ。その線引きが難しかったり、無知ゆえに意図せず不快な思いをさせてしまったり、ということもあるので、〝言葉〟をきっかけに少しでも意識が高まったり知識を身に付けたりして、嫌な思いをする人が減ったら嬉しいが、一番大事なのは、シンプルに「相手の気持ちを尊重する姿勢を持つ」ことだと思っている。

第4章

ハードルが高かったカミングアウト

カミングアウトへのスタンス

セクシュアリティの話をする上で避けては通れないのが「カミングアウト」である。するにしてもしないにしても、セクシュアル・マイノリティだと自覚した瞬間から向き合わなければならない。

私は今でこそオープンにしているが、親にカミングアウトするまではなかなか吹っ切れなかった。そして吹っ切れた今でもカミングアウトする瞬間は緊張する。

この章ではそんなカミングアウトについて、体験したことや聞いたこと、自分の意見・考えていることを書いていく。

前章でも書いたように、最初のカミングアウトは、大学のクラスメイトにスカイプで話したことだ。それ以降、自分のセクシュアリティと向き合う時間が増え、またセクシュアル・マイノリティの仲間との交流が増えたこともあり、徐々にカミングアウトする機会が増えていった。

といっても、「カミングアウトしよう」と思ってしたのは家族くらいで、友人へのカミングアウトは、会話の流れで言う必要が出てきたときに言ったという感じだ。

中学や高校の頃の友達と会うと、必ず「彼氏できた？」と聞かれる。「サークルは何に入っているの？」と聞かれる。

適当にごまかしてやり過ごすこともできたとは思うけれど、不自然だし、あまりごまかすのは好きじゃない。モヤモヤするし、罪悪感もある。不誠実だとも思う。だから大抵の場合、その流れで「実はね……」と伝えた。

大学の友達も同じだ。恋愛の話、サークルの話に加え、専攻や卒論の話にもなる。

社会学を専攻して、「同性愛者のカミングアウト」をテーマに卒論執筆。「なぜ？」と聞かれたらカミングアウトしないとうまく説明できない。

そんなわけで、隠すのは難しい、嘘をつきたくない、とオープンなスタンスになっていった。オープンにしているから、いつの間にか噂で知られていることもあった。

「きゅうり（私のこと）、バイセクシュアルなんだよね」
「え、なんで知ってるの？」
「風の噂で」

というやり取りを何度かしたことがある。実はこれは私にとってはすごくありがたいことだ。

カミングアウトするのは結構エネルギーが必要で、緊張するし、言い終わったあとはホッとすると同時にどっと疲れる。だから、自分から言う必要がないと心の負担が軽くなる。

「ラクしたいだけじゃん」と言われると否定できないのが残念だが、噂で知って、嫌悪感を抱いた人は私に近寄らないだろうし、逆に受けいれてくれた人はその後も変わらず接してくれるだろうから、自然に自分にとっての優しい環境ができあがっていって、それはそれでアリなんじゃないかな、と思っている。だから、オープンで聞かれたら何でも本当のことを話すけれど、自分から積極的にカミングアウトしていくわけでもないというスタンスに落ち着いている。（といっても、ネットでは積極的に開示しているが……）

友人へは「聞かれたら答える」「会話の流れで言わないと不自然な場合に言う」というスタンスでいたが、家族に対しては「カミングアウトしよう」と決意して、自分の意思で伝えた。

そもそもなぜ家族にカミングアウトしようと思ったのか。これはブログの影響が大きい。

家族へのカミングアウト

大学4年生の終わり頃、私はブログを書き始めた。テーマはジェンダーやセクシュアリティについて。

ジェンダーやセクシュアリティのことを考えるのは日常茶飯事で、趣味のような感じだった。文章を書くことも好きで趣味だったので、2つの趣味を組み合わせて「ジェンダーやセクシュアリティをテーマにブログを書こう」と思ったのだ。

最初は自分のセクシュアリティを隠して書いていた。

でも、だんだん書きにくくなってくる。本当に書きたいことが書けなくなってくる。このまま隠しながら書くのは限界だな、と感じ、完全にオープンになりたいと思った。そこで障壁になるのが家族だった。

家族は私のセクシュアリティを知らない。しかも私のブログを読んでいる。ということは、家族にカミングアウトしないことには、ブログで本当に書きたいことを書くことはできないということだ。私はブログを書きたい一心で家族へのカミングアウトを決意した。

だが親へ言うのは少しハードルが高い。そこで最初は当時一緒に住んでいた兄に伝えることにした。兄がどんなリアクションをするのか、好奇心と恐怖心の入り混じった気持ちで伝えた。

兄のリアクションは、思ったより小さかった。少し驚いて「知らなかった」とは言っていたけれど、否定することなく「まぁいいんじゃない」と受けいれてくれたようだった。当時は芸能界で働いていて、周囲にいわゆる〝オネエタレント〟と呼ばれる人たちが多くいたこともあり、あまり抵抗感がなかったのかもしれない。「実は友達として家に連れてきた女の人、当時付き合ってたんだよ～」といった打ち明け話もすることができた。

兄に伝えたあと、母親に電話した。ちょうどその頃、進路のことで悩んでいて、母親にも何度か相談にのってもらっていた時期でもあったから、母親は進路相談で電話してきたと思ったようだった。

「進路どうするの？」といつも通り話が始まり、少し雑談してから、私はドキドキしながら切り出した。

「実は電話したのは進路のことじゃなくて、ちょっと言いたいことがあったからなんだけどさ……。」

「ん？　何？」

手が少し震えていたが、声が震えないように気をつけながら言った。深刻な問題だと捉えてほしくなかったから、明るく、さらっと言うように心がけた。

「バイセクシュアルって知ってる？　両性愛者のことなんだけど。」

「聞いたことはあるよ。」

「たぶん、私バイだと思う。」

言えた！
明るく、さらっと言えた！
手は震えているけど！

「実は今までわざわざ言ったりはしなかったけど、私ブドウ好きなんだよね〜」くらいの軽さを意識して伝えた。だから、「そうなんだ〜イチゴが好きなのは知ってたけど、ブドウも好きなのね〜」くらいの軽さで受け止めてほしかった。

「異性が好きだと思ってたけど、同性も好きになるのね〜」くらいのノリで。

「気づいてた？」と聞いてみたら「全然気づかなかった」と返ってきた。実は、「言わなかったけど、なんとなくわかってたよ」という展開になるかな〜なんてことも考えていたが、そんなことはなかった。

思いもよらないことだったらしい。「衝撃！」と何度も言っていた。

なぜ私が「実は察してくれているかもしれない」と勝手に甘い期待をしていたのかというと、「察してもらえるかもしれないポイント」がいくつかあったからだ。

・スカートや髪を伸ばすこと、「私」という一人称といった女の記号を嫌がっていた。

↓一般的なジェンダーに当てはまらない可能性が示唆されている。

・女子校に通っていた頃、同じ学校の人を好きになり、噂が広まっていた。

↓親も耳にしたかもしれない。

・結婚の話になる度に、「結婚しないかも」と言っていた。
↓相手が同性である可能性が示唆されている。
・親は私の卒論のテーマが『同性愛者のカミングアウト』であることを知っている。また、ジェンダーに興味があることも知っている。
↓なぜそのテーマなのか、なぜ興味があるのかを考えたら、気づいたかもしれない。
・卒論を送ってほしいと言われたが、送らずに先延ばしにしていた。
↓送れない理由があるのかを考えたら、気づいたかもしれない。

と挙げればたくさん出てくる。

でも、どれも「可能性がある」「かもしれない」の話であり、**伝える側がきちんと伝えることをせずに相手に委ねた、身勝手な期待感**である。

「そもそも前提として存在していないことは想定されることはない」「選択

肢として挙がってこない」ということを学んだ。

考えてみれば当たり前のことだけれど、**自分の中にあるものは相手にも同じようにあるものだとなんとなく思ってしまっていて、「これだけ〝ヒント〟があれば気づくだろう」と心のどこかで期待してしまった**ようだ。

挙げてみると確かに〝ヒント〟はたくさんある。けれど、それは「この人は同性愛者かもしれないし、異性愛者かもしれない。バイセクシュアルの可能性もあるし、それ以外かもしれない」と相手が思っていて初めて〝ヒント〟になり得る。

最初から「この人は異性愛者である」という前提があって、その前提を意識することもなければましてや疑うこともない。その状態で〝ヒント〟だと言われても、そんなものは〝ヒント〟として引っ掛かってこない、ただの日常の一コマなのだ。

母親にとって衝撃的なカミングアウトだったらしいが、驚きつつも**「勉強するね」と言ってくれたことが私は嬉しかった。**驚いたけれど、否定はしていないし、理解しようとしてくれている。ありがたいことだ。

父親には母親から伝えてもらうことになったが、妹には、受験期に余計な悩みを増やすのもどうかということで、受験が終わるまでは伝えないことになった。

ちなみに、電話でのカミングアウトになったのは距離の問題があったから(私は東京、両親は広島にいた)だが、私は**電話という手段に救われていた。**というのも、面と向かって直接言える距離だったら、カミングアウトしていなかったかもしれないからだ。

言った後の気まずさを思うと躊躇するし、リアクションが表情も含め全てダイレクトに伝わってくるのは怖い。それに耐えられるだろうか。自分のセクシュアリティが噂で広まってくれた方がカミングアウトするよりラクでありがたいという内容を前述したが、それと似ていて、直接ではなく電話で伝えるのは精神的にラクでありがたかった。

緊張感が伝わらないのもよかった。声さえ明るくすれば、手が震えていたとしても伝わらないし、顔も見えない。要はごまかしがきく。電話って便利。

便利な電話というツールを使って無事、親へのカミングアウトを終えた私は、「もう怖いものはない」という気持ちになった。

もう誰に知られてもいいや、というある種の開き直りでもあるが、スッキリした、さわやかな気持ちだ。

一方、親はどう思っているのだろうか。

実はカミングアウトをしてから何度か会っているのだけれど、セクシュアリティの話をしたことは一度もない。私が触れることもなければ、親が触れることもなかった。

親がこの話を切り出さない理由はわからないが、私が切り出さないのは、親と恋愛の話をしたくない感覚と同じだと言えばなんとなく伝わるだろうか。

話題にしても否定されることはないだろうし、傷つくことを言われることもないだろう。ただ、とにかく親とこの話をしたくないのだ。話をすること自体が嫌なのである。

そんなわけでカミングアウトしたあと親がどう思っているかはわからないのだが、1つだけ変化があった。

それは、結婚圧力がなくなったということ。これまでは会う度に「彼氏はできた?」と聞かれたり、相手もいないのに結婚の話をされたりしていた。親は圧力をかけているつもりはないだろうが、**〝相手がいても結婚できないかもしれない〟私は、彼氏の有無を聞かれたり、結婚への期待を話されたりするだけでも、〝圧〟を感じてしまう**のだ。それがカミングアウト後は一切なくなった。

親からの気遣いを感じる。

カミングアウトについて思うこと

自分がカミングアウトをしてきた経験と、カミングアウトをしたことがある人から聞いた体験談から、カミングアウトについて思うことがいくつかある。偉そうにアドバイスできるような人間ではないが、「カミングアウトしたいけど、できない」と悩んでいる人がいたら参考になるかもしれないということで、アドバイスのようなものを書いていきたい。

◯そもそもなぜカミングアウトするのか

「別にわざわざ言う必要ないんじゃない？」と思っている人もいるかもしれない。というか私もどちらかというとそう思っている人間であり、必要に迫られなければわざわざ言うことはない。

では、カミングアウトするメリットはなんだろうか。なぜカミングアウトするのだろうか。必要に迫られなくても、目的を持ってカミングアウトすることはある。

・恋愛の話がしやすくなる

「カミングアウトをしないと正直な恋愛話ができない」というのは、小さいことのようで実は結構大きいことだったりする。

なんだかんだで恋愛の話は盛り上がるし、好きな人が多い。恋愛の話を振られる度に「正直に言うべきか」を考えなければいけないのは面倒だ。

それにカミングアウトしていないと、恋人のノロケ話もできない。恋愛相談にものってもらえない。何かと不自由なのである。

・壁がなくなる

何でも話し合える友人がいるとする。

相手は自分との間に壁なんてないと思ってくれているのに、カミングアウトしていないと自分自身が壁を感じてしまうかもしれない。

カミングアウトをすることでその壁がなくなり、距離感が縮まったと感じる可能性がある。

・罪悪感がなくなる

カミングアウトをしていないことは悪いことでもなんでもないし、責められることでもないのだけれど、隠していることに罪悪感がある人もいる。私も実は少し罪悪感があった。

嘘をついているときと同じ罪悪感が、心の中にずっと残っているのである。積極的に嘘をついているわけではないものの、「本当のことを言っていない」という罪悪感。どうしても拭えなかった。今はオープンにしているから、罪悪感を抱くことはない。スッキリとした気持ちになった。

○最初に言う相手が大事！

最初のカミングアウトは一番緊張するだろうし、一番慎重になるだろう。

最初に誰に言うか、悩んでいる人もいるのではないかと思う。最初は、信頼できて受けいれてくれそうな人を選ぶことが多い。

私もそうだったし、他の人の話を聞いても大抵がそう。最初じゃなくても、信頼できない人や受けいれてくれなさそうな人に言うことはあまりないのだが、最初は特に言う相手を選ぶのに慎重になる。

で、慎重に選んだ相手だから、大抵うまくいく。ものすごく緊張して、言葉を選んで、やっとの思いで言うのだけれど、相手は意外とあっさり受けいれてくれたりする(もちろん、必ずしもそうとは言い切れないが)。

その経験で自信がつき、そのあとは加速度的に言える人が増えていく。だから最初の1人に言えれば大丈夫だし、絶対とは言えないけれど、信頼できる相手を選べば受けいれてもらえやすいから、最初の1人もきっと大丈夫。

つまり、最初もそのあとも大丈夫ということなので、カミングアウトはきっとうまくいく(はず)。

○ほのめかし作戦

自分のカミングアウトの話で散々「察しているかもしれないと思ったけれど、

親は全然気づいていなかった」と書いておきながらこんなこと言うのは的外れだと思いつつも、周りの人に聞いても結構やっている人が多い作戦を伝えたい。名前の通り、事前にほのめかしておく作戦だ。

いきなり言うと相手はびっくりするだろうし、自分にとってもハードルが高い。そこで、「あれ？　もしかして同性が好きなのかな？」と思わせるような布石を打っておく。

たとえば、親への布石だったら、関連のあるモノ・連想させるモノを目に留まりそうな場所に置いておくとか。

セクシュアル・マイノリティ関連の本でもいいし、ＢＬ・百合漫画でもいい。友人は、レインボープライドのパンフレットを置いてみた、と言っていた。それを親が見たら「もしかして……？」と思ってもらえるかもしれないし、たとえ思ってもらえなかったとしても、手に取ってもらえれば理解が進む。それを見たときのリアクションを知っておくだけでも価値はあるだろう。

関連するモノを手に取って、親が否定的なリアクションをしなかったら少し安心できると思う。

友人への布石だったら、「彼氏できた？」と聞かれたときに「〝恋人〟できないからほしいな〜」とわざと強調して言い換えるとか、自身が女だったら女の子のアイドルを見ながら「イケメンより可愛い女の子の方がいいな〜」と言ってみるとか。日常会話でさりげなく〝察してもらえるかもしれないポイント〟を織り交ぜていく。

私はジェンダーやセクシュアリティに学問として興味があると言っていたので、友人へカミングアウトした時も割とすんなり受けいれてもらえた。もともと理解がある友人に恵まれていたのもあるけれど、「あ、だから興味があるって言っていたんだね」と、過去とのつながりでスーッと入っていく側面もあると思う。

○手段でハードルを下げる

布石を打つことでハードルを下げるという話をしたが、伝える〝手段〟でカミングアウトのハードルを下げる方法もある。

どういうことかというと、直接、対面でカミングアウトするのではなく、他の手段を使って伝えるということだ。

対面でのカミングアウトはかなり緊張する。直接言いたい、ちゃんと会って説明したいという人も多いだろうし、その気持ちは大事だと思うけれど、それでハードルが上がってカミングアウトしたいのにできないという状態になってしまっているのなら、「別の手段もあるよ」と言いたい。

私は最初のカミングアウトはスカイプを使ってしたし、親へのカミングアウトは電話を使った。**スカイプや電話という手段があることに、すごく助けられた。**

他の手段を使うことは悪いことじゃない。もしどうしても抵抗があるのなら、「本当は直接言いたかったんだけど」という言葉を添えれば問題ないと思う。勇気を出してカミングアウトしていることは、スカイプや電話でも伝わる。

スカイプや電話以外にも、手紙で伝える、SNSで伝える、友人に変わりに言ってもらう等、やり方はいろいろある。最終的に何を選ぶかはもちろん本人の自由だ。ただ「他にも選択肢がある」ということを知っておくだけでも少し気がラクになるだろう。

○どう表現するか

カミングアウトするときにどう表現するかは人によって異なる。

・恋愛相談をする形で言う

同性愛者の場合、好きな人がいるのなら「実は好きな人がいて……」と恋愛相談をする形で切り出し、その好きな相手が同性だと伝えるのはいかがだろうか。

・同性の恋人がいることを伝える形で言う

「ゲイなんだ」よりも「彼氏がいるんだ」のほうが言いやすいという人もいる。

私も、「バイセクシュアル」よりも「女の子と付き合っていた（過去形……）」のほうが言いやすい時期があった。自分が一番言いやすい形で伝えればいいと思う。

・改まって真面目に言うか、明るく言うか

伝え方として、ネタにしてほしくないから真面目に言うのもアリだし、重く受け止めて悩んでほしくないから明るく言うのもアリ。

どちらにするか決めておこう。ちなみに私は重く受け止めてほしくないから明るく言おうとしているが、緊張してしまい結果的に真面目に伝えてしまうことが多いタイプである。緊張しやすい方へ、健闘を祈る！

○家族にカミングアウトするときに念頭に置いておくと良さそうなこと

家族へのカミングアウトは、友人へのカミングアウトよりハードルが高いと感じている人が多い。

私自身もそうだったし、周囲の人の話を聞いてもそうだ。なぜハードルが高いのか、その理由を知ることでカミングアウトの際に気を付けるべきことが見えてくる。

①「孫の顔が見たい」と期待されているから

これは家族ならではの期待だ。親は子の子、すなわち孫の顔が見たいと思っていることが多く、同性愛者だとカミングアウトすると悲しむだろうと思って言えないケースがある。

結婚への期待は、「パートナーと幸せに暮らすから安心してね」と言えば大丈夫かもしれないが、孫への期待は結婚とはまた違う。これがどれだけ期待されているのかは事前にリサーチしておいた方が良いだろう。

②偏見があるから

これは家族限定の話ではないが、偏見があるとわかっている人に対しカミングアウトするのはなかなかつらいものがある。

よく聞く話として、家族でテレビを見ているときに〝オネエタレント〟が出ていて、親が笑いながら「気持ち悪い」と言っているのを聞いてしまい、「親には言えないと思った」というのがある。今でこそLGBTという言葉もだいぶ認知されるようになり、メディアでも取り上げられることが多くなったが、親は生きてきた年代が違い、こういう情報もあまり入ってこなかっただろうから、自分とは異なる人を差別するような親でなくても、偏見がある可能性は考慮しておいた方が無難だ。

③受けいれてもらえなかったときのダメージが大きいから

友人に受けいれてもらえなくてももちろん悲しいだろうけれど、友人の場合は仕方ないと諦めて付き合うのをやめるという選択もできる。

でも、家族の場合は簡単に縁を切るわけにもいかない。一緒に住んでいたら、家の空気が重くなっているのをダイレクトに感じつつも、そこから逃れられないというつらさがあるかもしれない。また、経済的に自立していない学生だったら、受けいれてもらえなくて仕送りがなくなる、という事態も想定しておいたほうがいいだろう。

万が一のことを考えて経済的な依存がなくなってからカミングアウトするというのもアリだと思う。

カミングアウトされた側は

カミングアウトはする側が大変だと思われがちで、実際、するのは結構エネルギーを使って大変なのだが、カミングアウトしたあとに大変なのは、むしろされた側だったりする。

というのも、言った側は言ったことでスッキリし、心の重荷がなくなったような感覚になるが、言われた側は逆に心の負担になってしまうこともあるからだ。

「今まで気づいてあげられなかった」「これまでに無神経な発言をしてしまってないだろうか」と過去の自分の言動について悩むこともあるし、「今後どうやって接していけばいいのだろう」「やはり勉強しなければいけないだろうか」と未来について悩むこともある。

実際にカミングアウトをしたあとに気遣いを感じることはあって、たとえば飲み会で恋愛の話で盛り上がっている中、私だけ恋愛の話を振られなかったという経験もある。

これは相手の優しさ・思いやりであり、こういう気遣いに救われた、助けられたという友人の話も聞いたことがあるので、大変ありがたいことだと思う一方、気遣いをさせてしまっていることに申し訳なさを感じる。（ちなみに数年前は、「他の人と同じように私にも恋愛の話を振ってよ！」と思ったりもしていたが、だったら自分から切り出すかそう伝えればいいだけの話であり、我儘な考えだったな〜と反省している。）

だからカミングアウトしない方がいいよ、という話では当然ない。ただそういうこともあるよ、ということが言いたかった。

信頼している人ならば、きっと「勇気を出してカミングアウトしてくれてありがとう」と言ってくれるだろう。カミングアウトをしたことで、今までよりも仲良くなった、信頼関係が強くなった、という話はたくさん聞く。逆に、「しなければよかった」という話は聞いたことがない。もちろん、カミングアウトをして全てが受けいれてもらえるわけではない。中には嫌悪感を示したり離れていってしまったりする人もいるのだけれど、それも含めて「カミングアウトをしてよかった」と思っている人ばかりだ。

これを読んでいる人のカミングアウトの結果なんて保証できないし、絶対大丈夫なんて言うつもりもないけれど、少なくとも私は後悔していないし、今のところ、後悔しているという話も聞いたことがない。

私自身、これまでのカミングアウトで嫌な反応をされる経験をしたことがない。基本的には嬉しい反応ばかりだった。（周囲の人に恵まれているからなのか、理解が広まっているからなのか、どっちなんだろう……）

その中でも特に嬉しかった反応&その後の接し方ベスト3を紹介する。

◎「セクシュアル・マイノリティに対するイメージが変わった」

「カミングアウトされるまでは、セクシュアル・マイノリティに対してあまり良いイメージを持っていなかった」

「偏見を持っていた」

このように正直に言ってくれる人は結構いる。私がカミングアウトしたことで見方が変わったと言ってくれることが嬉しい。

知らないことは悪いことではない。知らなかったら、偏見を抱いてしまうのも無理はない。私も無知ゆえに偏見を抱いていることがあるかもしれない。大事なのは、知ったその時から変わっていくことだと思う。

身近な存在がイメージを更新していく。その〝身近な存在〟に自分がなれたことが、とても嬉しい。

◎「勉強します」

「知らないことだから、勉強するね」と言ってくれる人も多い。私の母親もそうだった。

「勉強します」と言ってくれる人の目的は2パターンある。1つは、私のカミングアウトがきっかけでセクシュアル・マイノリティに興味を持ち、学ぼうと思ったパターン。

もう1つは、私のことをもっと知ろう・理解しようとしてくれるパターンだ。

どちらのパターンも「理解したい」という思いやりが感じられて、すごく嬉しい。

◎「恋人いる?」

これまで「〝彼氏〟いる?」と質問してきた人が、「〝恋人〟いる?」と聞いてくれる。これはとても嬉しい変化である。小さな変化に見えるかもしれないが、私にとってはものすごく大きな変化だ。受け入れてくれたこと、理解してくれたことが伝わってくる。

もちろん、「〝恋人〟いる?」は一例で、このように「全員が異性愛者であことを前提とした会話ではなく、「様々なセクシュアリティの人がいる」ことを前提とした会話に変わったことが嬉しいのである。

第5章

不安で仕方がなかった就職活動

就職活動

就職活動は、真面目に取り組んでいた方だと思う。自分に自信がなかったため、苦戦すると予想していた。実際、苦戦組だった。

「東大生なら、就活なんて楽勝なんじゃない？」と思われるかもしれないが、そんなことはない。学歴で落とされることがない分、他の人より入口は広い。でも、その後は結局その人次第。落とされる人は落とされる。数えきれないほどの〝お祈りメール〟をもらって、悲しい気持ちになったこともある。学歴という強い武器があるからこそ、落とされた時はそれ以外の要因で落とされたことが明確であり、一層悲しくなる。

この章では、私がどのような就職活動をしてきたのかについて書いていく。

不安で仕方なかった就活

就活は人生の一大イベントであり、今後の人生を左右するものだと思っていた。思っていたというより、今でもそうだと思っている。そのため、就活にはものすごく真面目に取り組んでいた。そして、ものすごく不安だった。

内定が一つももらえなかったらどうしよう。
行きたい会社に行けなかったらどうしよう。

とにかく不安で不安で仕方なく、不安の塊がずっと胸の中にあった。
就活を始めたのは、大学3年生の夏休みだ。「インターンシップに参加しておくと、選考で有利になるらしい」と聞き、インターンシップに応募した。

今思えば、インターンシップに応募したのは不安を少しでも和らげるためだった。周りの人は活動的で、就職活動でアピールできることがたくさんあるように見えた。「それに比べ、私は……」と思い、何もしないことがただ不安だった。

参加して不利になることはない。それならやっておこう、という思いもあった。恥ずかしながら、企業のことを知って自分の将来について考えようという気持ちはほとんどなかったように思う。

インターンシップに応募した企業は、新聞社がメインだった。文章を書くことが好きであるということもあり、文章で情報を伝える新聞社や出版社に行きたいという思いが少なからずあったからだ。

インターンシップも、選考で合格しなければ参加することができない。複数社に応募したが、参加することができたのは1社だけだった。

ちなみに、新聞社以外にもマスコミや広告系の企業にいくつか応募したが、それらも全て落ちている。

インターンシップで学んだこと

「インターンシップで学んだこと」というと、「インターンシップに参加して学んだこと」だと思う人が多いだろうが、実は「インターンシップに参加できなくて学んだこと」がメインだ。

もちろん、参加して学んだこともある。魅力的なプログラムだったし、様々なことを経験して「働くこと」のイメージも参加前より明確になった。だが、私の中でのメインは、参加できなくて学んだことなのである。

実は、ある会社では、性格診断のようなもので落とされている。それは、初めて受ける性格診断だった。正直なところ、こんなところで落とされるとは思っていなかった。なぜ落とされたのか、落とされてから理解した。注意書きに「正直に答えてください」と書いてある。私はバカ正直なのだ。

本当に、正直に答えた。何一つ偽りないように、嘘が少しもないように、正直に答えた。

たとえば、「明るい方か、暗い方か」という質問。暗い性格だとは思わないけれど、そんなに明るいわけでもないし、暗い方かな、と「暗い」を選択した。

「落ち込んだり、悩んだりすることがあるか」という質問には、「当然、あるでしょ。悩まない人間の方が珍しいのでは？」と思い、「ある」を選択。あまり落ち込むことがない性格だと自覚しているが、落ち込むことが「あるか」と聞かれたら、ゼロではないという意味で「ある」。だから「ある」と答えた。

このように、企業が求めていそうな性格とは逆の性格を選び続け、まさかの性格診断で落とされるという結果になった。

そんなに**一言一句正確に読み取って答えるものでもなかった**のだ。今ならわかる。あまり落ち込まないのであれば、「ない」を選択すればよかっただけのこと。「バカ正直でいると就活で苦労するんだな」ということを痛感した出来事だった。

嘘は書きたくなかった

バカ正直では、内定はもらえない。でも、嘘はつきたくない。このバランスをどうとるかが就活の大事なところであり、私が苦労した点でもあった。

就職活動では、自分のことを面接官に伝える必要があるため、少なからず自分について語ることが求められる。その第一歩がエントリーシートだ。エントリーシートの質問事項は、企業によってバラつきはあるものの、ある程度の共通項目がある。以下に挙げた項目は、就職活動をしたことがあれば多くの人が一度は質問されたことがあるものだろう。

・志望動機は?
・自己PRをしてください。
・学生時代に一番頑張ったことは?

・人生で一番の困難は？

志望動機はともかく、残りの3点は、まさに自分自身のことを語るものだ。私はこれらの質問に「何を取り上げて」語るか、で相当頭を悩ませた。

私は、セクシュアル・マイノリティサークルに大学1年生の頃から所属し、活動してきた。図書館にジェンダー関連の本をまとめて置くコーナーを作るというプロジェクトにも参加していた。

ゼミでは、セクシュアリティ関連のことをメインに調べてきたし、卒業論文は「同性愛者のカミングアウト」というテーマで執筆していた。

もちろん、ジェンダーやセクシュアリティとは関係ない活動もしている。様々なアルバイトを経験したし、自主的に参加した出版甲子園という本の企画内容を競う大会もあった。大学の講義も、それなりに真面目に受けていた。だから、自己PRも、頑張ったことも、困難を乗り越えた経験も、ジェンダーやセクシュアリティの話題に触れずに語ることは可能だった。それでも、これらのことに全く触れずに就活をすることは、難しいと感じていた。

サークルは、所属していなかったことにするの？

卒業論文は、書かなかったことにする？

少なからず時間を割いてきたことであり、多くの大学生が経験していることを「なかったこと」にするのは不自然だと思われるし、不利になる可能性もある。そして何より、**自分が納得いかなかった。**うまく嘘をつける自信もなかった。

そんなわけで、私はサークル活動や卒業論文のことも、エントリーシートに記入していた。

アライの立場だと主張して就活をした

サークル活動や卒業論文のこともエントリーシートに書いていたが、嘘が1つもなかったわけではない。

サークル活動への参加も、卒業論文のテーマも、それ自体は受け入れてもらえるだろうと思っていた。だが、私自身がバイセクシュアルであることは、受け入れてもらえない気がしていた。

自分自身のセクシュアリティを伝えることは、あまりにリスクが高いと思っていたのだ。

そのため、「私自身はセクシュアル・マイノリティではないが、知人に性同一性障害の人がいて、少しでも力になれたらという思いで参加するようになった」といった理由付けをしていた。

あくまで自分はセクシュアル・マイノリティの理解者、アライの立場である、として就職活動をしていたのだ。

これについては、今でも正解が何なのかわからない。

もちろん、『〝正解〟なんてない』といえばそうなのだが、時折、「嘘はつかずに、全て正直に話した方がよかったのだろうか」と思うことがある。

後悔はしていない。

ただ、ちょっとした後味の悪さは感じている。

いっそのこと全て正直に話して、それでダメならダメでいいや、というくらい潔く臨んだ方が、たとえ全て不合格だったとしてもスッキリした気持ちになれたのではないか、という気がするのだ。

「オブラートに包んで話してくれる？」

エントリーシートにサークル活動や卒業論文について書いていることから、面接官とのやりとりで悲しい思いをすることもあった。

一番悲しかったのは、ある面接でサークル活動について触れられたときのことだ。面接官と向かい合って座った。エントリーシートを見ながら面接官が私に質問をした。


「この、エントリーシートに書かれているサークルのことなんだけど」

「はい」

「変わったサークルに入っていたんだね」

「セクシュアル・マイノリティサークルに所属していました。あまり聞かないサークルかもしれないですね」

「どういうサークルなのか、オブラートに包んで話してくれる？」

えっ？

オブラートに包んで？

普通に話したらダメなの？

なぜだろう。なぜオブラートに包む必要があるのだろう。同性愛という単語が禁句なのだろうか。何かをタブー視しているのだとしたら、それは何なのか。性に関することがダメなのか、同性愛がダメなのか。あるいはトランスジェンダーや他の様々なセクシュアリティを含め、マイノリティであることがダメなのか。

タブー視されている対象は、いろいろと考えられる。対象は明確ではなく、何気なく口に出てしまっただけなのかもしれない、とも思う。それでも私にとっては重い一言であり、考えさせられる一言でもあった。

面接官はヘラヘラと笑っていた。

実際、面接官がどのような態度をとったつもりなのかはわからない。「ヘラヘラしたつもりはない」と言われれば、「そうですか」としか言えない。だが、私の目には確かにヘラヘラしているように見えた。ヘラヘラした態度と、『オブラートに包んで』と言われたことが悲しかった。

結局、私はオブラートに包まずに話した。包み方がよくわからなかったというのも理由の1つだが、何より、「ここで言いなりになってはいけない」という思いが強かった。

ある種のプライドなのかもしれない。オブラートに包んで話して採用されたとして、それで良いのか。

返答までの僅かの時間で自問自答した。オブラートに包んで話して採用されるくらいなら、率直に話して結果を受け止めたいと思った。

その面接は、通過できなかった。

企業によってリアクションは様々

一番悲しかった面接について書いたが、全てが悲しい面接だったわけではない。

セクシュアリティ関連についての企業のリアクションは様々だ。まず、そもそも面接にたどりつけないこともある。これはエントリーシートの段階で落とされるということであり、何が原因で通過できなかったのかがわかりにくい。ただ、多くの東大生が「エントリーシートで落とされることは滅多にない」と言っていることと、それなりに就活に真面目に取り組んでおり、エントリーシートも真面目に書いていたことから、原因がセクシュアリティ関連のことにある可能性は割と高いのではないかと思っている。

エントリーシートが通過すると、次は面接。

面接ではエントリーシートに書いたことを中心に質問されたが、セクシュアリティに関する部分だけは全く触れられず、質問されないまま終わることがあった。

私から口に出さない限り、触れようとしないのだ。

「オブラートに包んで」事件と同様にタブー視されている気がして、何とも言えない気持ちになったことを覚えている。もちろん、センシティブな話題であることは理解しているが、本人がエントリーシートにアピールすることとして書いているのだから、全く触れないことには少し違和感がある。

また、サークル活動や卒業論文に触れようとはするものの、質問しづらそうにしている面接官も何人かいた。

「質問していいのかわかりませんが」

「答えたくなければ答えなくてもいいのですが」

「センシティブな話題だとは思いますが」

こういった言葉のあとに質問されることが多かったのだ。
私が質問に答えたあと「質問して申し訳ありませんでした」となぜか謝られたこともあった。エントリーシートに書いているのだから、**私は質問されることに何のためらいもないのに、質問する面接官のほうがためらっているようだった。**

性に関する話題は出さない方が無難とされていることはわかっている。わかってはいるけれど、「本当にタブー視するべきものなの？」という疑問は消えない。**もっとオープンに語っても良いのではないだろうか。**

もちろん、語りたくないと思っている人に強要するものではない。プライベートに踏み込んだ質問は、面接ではふさわしくないだろう。だが、私は自分からエントリーシートに書いていて、プライベートなことではなく、卒業論文やサークル活動の内容として書いているのだ。ここでタブー視する理由は何なのか。疑問を投げかけたい。

「人権問題として取り組んでいる」

茶化したり、腫物を扱うかのように触れたりする面接が多かったが、「人権」という視点から、積極的に話題にしてくれる面接もあった。


「あなたはもしかして昔から人権問題に興味があった？」

「そうですね。小学生の頃から、様々な人権問題に興味を持っていました」

「それは素晴らしいね。弊社は従業員にトランスジェンダーの人がいて、人権の問題でもあるから、人事としてどういう取り組みができるか検討中だよ」


面接でこう言われたときは、少し感動した。

これまでにプラスの反応をされたことはほとんどなく、面接官の顔に隠しきれない不信感が浮かんでいるのを見て見ぬフリをすることばかりだった。おそらく面接官も今まで経験のないことで不信感だけではなく「不安感」があったのだろう。仕方ないという気持ちもあるものの、やはり悲しさは感じていた。

そんな面接が続く中で、**前向きな会話ができたことの喜び**は大きく、忘れられないやり取りとなった。

同時に、他の企業ではこのような問題は起こっていないのだろうか、という疑問が湧いてきた。

それなりの規模がある会社では、統計的に考えてセクシュアル・マイノリティが複数名存在しているはずである。同様の問題が発生していても不思議ではないし、むしろ発生していないほうが不思議なくらいだ。

既に社内で何かしらの取り組みがなされているのか。あるいは取り組む必要がないほどフレンドリーな会社か。

いずれも想像することは可能だが、面接から感じられた企業の風土は、そのようなものではなかった。おそらく、存在が可視化されていないのだろう。

実際は存在していても、存在していないものとされているということだ。見えないものへアプローチすることはできない。**問題は、問題として認知されて初めて（組織にとっての）問題となる。**

ただ、闇雲に可視化させれば良いというものでもないと思う。**可視化にはリスクが伴う。**きちんと方向性を考え、対策を練っていないと、問題が浮上しただけで終わってしまうかもしれない。

それに、「さあカミングアウトしてください」と言われてカミングアウトできるものでもない。それでできるくらいなら、言われる前にしているだろう。なぜカミングアウトしていないのか、という部分にも向き合う必要がある。カミングアウトする必要性を感じていない人に「カミングアウトしてください」というのはナンセンスだ。必要性を感じていないのだから、しなくていい。

でも、したくてもできないという人もいる。そういう人がカミングアウトできるような環境になっているだろうか。

今の会社では、正直に話した

私が最終的に内定をもらったのは2社だ。そのうち入社を決めた会社の面接は、長い就職活動の最後の面接となった。そこでは嘘をつくのをやめ、素の自分で臨んだ。

「なぜこのサークルに入っていたの?」

案の定、質問された。

「自分自身のことで悩んでいたからです」

初めて面接で本当のことが言えた。さらっと言ったように見せたかったが、心臓がバクバクしていたので、緊張感は伝わってしまったかもしれない。面接官は、「そうなんだ」と受け止めてくれた。

面接官がどんな気持ちで頷いたのかはわからない。でもきっと、納得感があればよかったのだと思う。自分自身のことで悩んでいるからサークルに入ったというのは、理由として納得感がある（事実なのだから当然と言えば当然だが）。だから、それに対して特に突っ込むことはなく、ただ事実として受け止めてくれたのだろうと私は勝手に思っている。

社長には面接で卒論の社会的意義を聞かれた。

正直なところ、これまでの就活でこの話題に触れられることがほとんどなく、今回の面接でもこの話題に触れてもらえるとは思っていなかったため、回答がうまく整理できていなかった。

それでも何か言わなければならない。私はこんなようなことを答えた。

「たくさんありますが、たとえば同性愛者は自分のセクシュアリティが原因で悩むことも多く、他の人たちと比べて自殺率が高いとするデータもあります。私のような卒業論文が長い目で見たら自殺する人を減らすことに役立つかもしれません。そうなれば、社会的意義があると言えるのではないでしょうか」

もっと良い返し方はあるだろうし、こう言っておけばよかったと思うこともあるが、聞かれて咄嗟に出てきたのは、自殺のことだった。実は論文の中で自殺率についてはほとんど触れていない。論文を書きながら自殺率のことを考えたこともなかった。だからこのような返しをした自分に少し驚いている。

なにはともあれ、採用担当も社長も正面から質問してくれ、私の返答を受け止めてくれたことが嬉しかった。

サークルの先輩の就活は……

最終的に内定はもらえたものの、かなり苦戦した就活。参考になる何かがほしかったのか、少しでも不安を減らししかったのか。私は機会がある度にサークルの先輩に「就活の面接でサークルのことやセクシュアリティのことを話しましたか？」と質問していた。返ってくる答えはだいたい一緒。

「話してないよ」
「サークルのことを聞かれたら、どうするんですか？」
「他のサークルに入っているから、それについて話すだけ」

なるほど。他に入っているサークルがあれば、セクシュアル・マイノリティサークルのことにあえて触れなくても不自然ではなく、特に問題はなさそうだ。

他に話すことがあれば問題ないという、単純と言えば単純な結論だった。

私は1つのサークルにしか入っていなかった。アルバイトもたくさんしたし、他に頑張ったこともたくさんあるけれど、ジェンダーやセクシュアリティに関連する活動が占める割合は他の人たちに比べて大きい方だったと思う。

そして、それらを全て隠せるほど器用な人間ではなかった。よく言えば素直、悪く言えばバカ正直で不器用なのだろう。

それでも、最後には正直に話すことができ、そこで内定をもらえ、入社を決め、今楽しく働けている。

バカ正直で不器用な就活も、悪くなかったと思う。

これから就職活動をする人へ

これから就職活動をしようとしている人は、私の体験談を読んでどう思っただろうか。

ただでさえつらい思いをすることが多い就職活動、ましてセクシュアル・マイノリティだと自覚している人は、つらい思いをすることがさらに多くなってしまうかもしれない。

実際、無知で理解のない会社も残念ながらまだたくさんある。だが、理解あるフレンドリーな会社も確かに存在している。

必要性を感じない、言いたくないと思うのであれば、無理にカミングアウトする必要はないし、カミングアウトしたいのであれば隠す必要はない。**自分の気持ちに正直であればいいいと思う。**

戦略的に〝伝えない〟という選択をしてもいい。勇気を出して〝伝える〟という選択をしてもいい。

どちらを選んでも、そのときの自分に合った会社ときっとマッチングするはずだ。フレンドリーな会社は増えてきているというのが私の実感なので、これからのセクシュアル・マイノリティの就職活動は、どんどん明るく希望のあるものになっていくと思っている。

LGBTフレンドリーな会社を紹介するエージェントもあるので、隠すのがつらいと思っている人や、隠したいけれどフレンドリーな会社がいいと思っている人は、利用してみてはいかがだろうか。

実は私は人事かつセクシュアル・マイノリティ当事者ということで、そういうエージェントの方と実際に会ってお話を聞いたことがあるのだが、利用してみる価値はあると感じた。また、セクシュアル・マイノリティの学生に特化した会社説明会が開かれることもある。

私が大学生の頃もセクシュアル・マイノリティサークルのメーリスで何度かそういう説明会の案内文を読んだことがある。というわけで、就活生の皆様、グッドラック!!

COLUMN

同性とはどこで出会うの？

「同性とどこで出会うの？」という質問を何度かされたことがある。

ゲイやレズビアン、バイセクシュアルの人は、どこで恋愛の相手を見つけるのか。これは確かに疑問に感じることだと思う。（バイセクシュアルは異性も恋愛対象なので、同性との恋愛にこだわらなければ、異性愛者の恋愛の出会い方と変わらないが……。）

日常生活で出会った人が同性を恋愛対象にしている確率は結構低い。

その中で、さらにカミングアウトをしている人となると、1人いるかいないか、程度だろう。その人を好きになって相手からも好かれれば恋愛に発展するが、そんなことは滅多にない。

大抵は異性愛者に恋をして、思いを伝えないまま終わるか、告白して振られてしまうかのどちらかだ。ごく稀に異性愛者を口説き落として付き合ったという強者もいるが、そういう例外に自分が当てはまると期待することはあまりオススメできない。

というわけで、同性愛者が恋愛での出会いを求める場合、自分と同じく同性を恋愛対象にしている人たちが集まっている〝場〟に行くのがセオリーである。

私の思いつく限りでは、主な〝場〟は次の3つがある。

①：コミュニティ

大学のセクシュアル・マイノリティサークルやＬＧＢＴ関連の団体に所属するというもの。

ただ、多くのサークルや団体は出会いを目的につくられているわけではないので、それだけは忘れてはいけない。出会いを目的にしている人も中にはいるが、全員がそうではないし、本来の目的は違うところにあるはずなのだ。

だから、本来の目的に向かってそのコミュニティに関わり、結果的に良い出

COLUMN

会いがあるかもしれない、というスタンスが望ましいとは思う。

②：地域

東京でいうと新宿二丁目が有名だ。ＬＧＢＴの人たちが多く集まる地域に行くと、出会える可能性はある。

新宿二丁目ではイベントがよく開催されているので、出会いを求めている人は参加してみるのも手段の１つだ。ただ、個人的な感想になってしまうが、新宿二丁目は結構独特な雰囲気があって、そこに馴染める人と馴染めない人に分かれやすいのではないかと感じている。（私はどちらかというと馴染めないタイプだった。）

③：アプリ

ゲイ専用、レズビアン専用の出会いアプリがある。

今は異性愛者もアプリで出会いを求める人が増えてきているが、同性愛者のための出会いアプリもちゃんと存在しているのだ。よく、「地方に住んでいる人はコミュニティも二丁目のような地域もなく、出会いがない」と聞くが、アプリなら住んでいる場所を問わず繋がることができるし、同じ地域の人を探すこともできるので、便利だと思う。

私は使ったことがないため、どれだけ出会えるのか実感値として述べることはできないが、アプリを使っているゲイの知り合いはたくさんいて、実際にアプリで出会った人と付き合っている人もいる。ただ、残念ながらレズビアンのアプリはあまり盛り上がっていないみたいなので、女性同士の出会いアプリは今後に期待ということで……。

第6章

社会人になって

社会人になって

私は現在、不動産系のベンチャー企業で働いている。セクシュアリティについてはオープンと言えばオープンだ。

ただ、積極的にオープンにしているというよりは、少数の人にだけカミングアウトして、自然に広まって、誰もそれを否定することなく受けいれてくれている状態と言った方が正しい。

セクシュアリティに関して言えば、私にとっては理想に近い職場である。この章では、そんな職場での出来事や社会人になってからの出来事を書いていく。

オープンにできる職場

ありがたいことに、オープンにできる職場である。

職場で最初の一歩をどう踏み出すかについて、多くのセクシュアル・マイノリティが頭を悩ませていると思うが、私はその点では全く苦労しなかった。というのも、私より先にカミングアウトしている人が社内にいて、カミングアウトしても問題ないことがわかっていたからだ。

もちろんその人も全員にしたわけではないから、受け入れられない人も中にはいるかもしれないけれど、それでも「当事者がいる」という事実、そしてさらに「カミングアウトできた人がいる」という事実はとても心強く、カミングアウトへの抵抗感を限りなくゼロに近づけた。

〝仲間〟がいるという安心感、その人がカミングアウトできる環境だと判断したという安心感、実際にカミングアウトできたという安心感、カミングアウトしても問題がなかったという安心感。とにかく安心感があった。だからオープンにしても大丈夫だと思うことができたし、実際にオープンにできた。

逆に言うと、カミングアウトしたくてもできない人は、安心感がない、不安だからできないのではないかと思う。時代の流れもあって、セクシュアル・マイノリティの認知度は高まっているし、理解も進んできている。だから、カミングアウトしても、〝結果的に〟は問題ないケースも多いのではないかと推測している。（楽観的すぎるのかもしれないけれど……。）

ただ、そうだとしてもそれは結果論であって、カミングアウトする前はどうなのか判断することは難しい。カミングアウトしても大丈夫だという確信は持ちづらい。**100%の確信が持てないと、リスクを冒してまでカミングアウトしようとはなかなか思えないものである。**

「100%の確信」というのがポイントで、99%ではダメなのだ。1%でも不安要素があると、それは人生のリスクになる。だって、このあとずっと勤めることになるかもしれない会社だし、何より生活がかかっているわけだし。カミングアウトして、もし受け入れてもらえなかったら……その時のダメージがあまりに大きいため、たとえ受け入れてもらえない可能性が低かったとしても、万が一のことを考えて言わない、という選択をする当事者は多いだろう。

私も、安心感があったとはいえ、初めてカミングアウトしたときはものすごくドキドキしていた。「きっと大丈夫」と思っているつもりでも、やはり不安な気持ちは完全には拭いきれないのだ。

だから私はカミングアウトをして良かったと思っているけれど、必ずしも他の環境にいる人がカミングアウトをすることがベストな選択だとは思わないし、しない方が良い環境にいる人もいると思っている。

それでも、カミングアウトをできる環境を選んで、**実際にカミングアウトをしたことで今ののびのびと働いている**自分がいるのも事実で、そういう人間もいるということを知ってもらえたら嬉しい。

ＬＧＢＴＥＲの取材

社会人になってから、ＬＧＢＴＥＲというセクシュアル・マイノリティやアライの人のインタビュー記事を配信しているサイトに載せていただいたことがある。サークルの友人が先に取材を受けていて、その友人に取材を受けないかと声をかけられたのがきっかけだ。オープンにしているから、迷わずＯＫと返事した。

「私でいいんですか」という恐縮した気持ちも少しあったけれど、声をかけてもらえたことは嬉しかったし、社会の役に立つ有意義なことだと感じていた。（もちろん、この本もそういう気持ちで書いている。）

わくわくしながら、サイトの運営をしている人にお会いした。本当に素敵な方で、絶対に協力したいと思って取材に臨んだ。

取材当日は、ライターの方とカメラマンの方もいた。ご飯とケーキを食べながらお話しして、その後お散歩しながら写真を撮っていただいた。終始楽しくてずっと笑っていた。

私は割と悩まずに生きてきた方で、取材中につらい雰囲気になることもなかったけれど、他の人のインタビューではそういう雰囲気になることもあると言っていた。十人十色というか、セクシュアル・マイノリティと言葉では一括りにされているものの、**人の数だけ人生がある**ので当然のことではある。

LGBTERのサイト（http://lgbter.jp/）にいくと様々なセクシュアリティの人の人生の一部が覗けて興味深く、また生きる力やヒントがもらえたりするので、ぜひ読んでほしい。私が応援しているサイトの一つだからオススメしているというのもあるが、悩んでいる人が読むと本当にパワーがもらえると思う。

いろんな人がいて、いろんな人生があって、ベタな感じに聞こえるかもしれないけれど、**みんな悩みながらも前向きに生きている**ということが伝わってくる。

インタビューは幼少期から今に至るまでの自分史を語るものだ。私の場合は高校生までは自覚することも悩むこともなかったので、主に大学生〜社会人の出来事や心のモヤモヤ、考えについて話した。

私は取材してもらったことを会社には伝えなかった。

でも、ＳＮＳで発信しているため、会社の人でも読んでくれた人はいる、ということが後でわかった。「読んだよ」と言ってもらえた。感想は特に言われなかったけれど、肯定的に捉えてもらえていることは表情から伝わって嬉しかった。

テレビの出演

社会人になってからの出来事で、自分の中で大きな意味を持っていることの1つにテレビ出演がある。2016年の秋頃、Twitterで声をかけていただいたのがきっかけで出ることになった。

セクシュアル・マイノリティのリアルな声を届けようという企画だった。私は大きな不満はなく過ごしているため、そんなに言いたいことはなかったのだが、第5章に書いている就職活動での苦労を話したりした。が、話下手だからだろうか、残念ながらその部分はカットされて放送されなかった。

私が話した中で放送されたのは、「やたらと〝男〟と〝女〟に分けたがる世間の風潮ってどうなの!?」というモヤモヤと、「アンケートの性別欄は男女に丸を付けさせる形式ではなく、自由にセクシュアリティが書ける形式になったらセクシュアル・マイノリティにとってはありがたいのでは？」という提案らしきものだった。

個人的には放送内容も大事だけれど、**芸能人、オネエタレントと呼ばれる人たち以外のセクシュアル・マイノリティの存在が可視化されたことにも大きな意味がある**と思っている。**存在の認知が理解への第一歩である。**

実際、放送後にいろんな人から「テレビ見たよ」と声をかけてもらった。テレビを見る前から私のセクシュアリティを知っていた人もいれば、テレビを見て初めて知った、という人もいた。

中学・高校の友達やバイト仲間、大学の友達、職場の人からも言われた。なんと、社長にも「テレビに出たらしいね！」と言ってもらえた。

もともとセクシュアリティのことを気にしない社長であることは知っていたけれど、やはり会社のトップ、一番影響力のある人にそう言われたのはとても心強かった。

誰かに「見たよ」と言われたとき、近くにいた別の人に「実は自分も見て、見たことを伝えたかったけど、言っていいものなのかわからなかった」と言われたことがある。

こちらとしては、言ってくれた方がありがたい。というのも、声をかけてくれると「この人は受け入れてくれた人なんだ」とわかるからだ。

オープンにしても良いと思っているからテレビに出ているわけだが、**不特定多数の人に発信していると、自分のセクシュアリティを誰が知っていて誰が知らないのか、わからなくなる。**知らない前提で話をしていたら実は相手は知っていた、ということはよくある。

知っている人は一方的に知っていて、こちらは相手が知っている人なのかどうかを知らないのである。セクシュアル・マイノリティに嫌悪感を抱く人でも、わざわざ酷いことを言ってくるような人は滅多にいない。だからこそ、「何も酷いことを言われないから、みんな受け入れてくれているだろう」と完全に信じることはできないのだ。

そんな中で、声をかけられると、「あ、この人はLGBTフレンドリーな人なんだ」と知ることができて、なんだかホッとするのである。

だから「言っていいのかな」と悩んだりせず、「見たよ」と声をかけてくれたら嬉しいし、そうでなくても何らかの形でフレンドリーであることを伝えてくれたら安心できてありがたいと思う。

ただ、フレンドリーであることの伝え方には少しポイントがあって、わざわざ「ＬＧＢＴに偏見ないです！」と言われるとモヤモヤするという人もいる。そして私もそれには共感できる。

というのも、**「偏見がない」という言葉は、「それは偏見を持たれる対象である」という認識がないとそもそも出てこないからだ。**だから「逆にこの人は偏見があるんじゃないかな」と思ってしまうのである。

と、モヤモヤには共感しつつも、私は「偏見ないです！」という言葉であっても、伝えられないよりは伝えてくれた方が嬉しい人間である。なぜなら、少なくとも拒絶されることはないとわかるからだ。

どんな言葉であっても、前向きな言葉であれば伝えてくれたほうが嬉しいし、その言葉自体もありがたく受け止めたいと思っている。

杉山文野さんの講演

２０１６年12月、会社で忘年会があった。

忘年会は毎年あるが、この年はこれまでに一度もしていないことが行われた。それは杉山文野さんの講演会が社内で開かれたことである。

杉山文野さんはＦＴＭトランスジェンダーの方で様々な活動をされている方だ。そんな杉山さんをどういう経緯でお呼びすることになったのかというと、会社の取締役にとてもフレンドリーな方がいて、杉山文野さんの講演会に誘っていただいたことがきっかけである。

一緒に聴きに行って、内容の素晴らしさと情報量の多さ（濃さ）に圧倒され、「会社でもぜひ」ということになった。取締役という立場の方がフレンドリーであることは大きかった。

やはり、**影響力のある人がフレンドリーだと、どんどん話が進んでいく。**もちろん、そうでなかったとしても地道に活動を続けていけば良いのだけれど、仕事をしながら活動もするのはなかなか難しいし、リスクもある。

実は前述のＬＧＢＴＥＲのインタビューで、「人事部というセクションにいるうちに、セクシュアル・マイノリティに対する理解を促すような活動はしないのか」と尋ねられていて、私はこんな回答をしている。

「正直、いまは自分がバタバタしているのでそれどころじゃないのですが、ＬＧＢＴについての研修をマネージャークラスにしてはどうかという案が出たこともあります。その時はタイミングが合わず見送られましたが、提案したら拒絶するような会社ではないと思います」

「制度や研修として採り入れなくても結構柔軟に対応してくれる会社であることと、自分がセクシュアリティのことでそこまで辛い思いをしておらず、自分事としてあまり必要性を感じていないということから、いまはそういう活動に注力しようとは思っていないんです」

このときの気持ちは今も変わっていない。結局、LGBTフレンドリーであることを謳っている会社ではないものの、オープンにしても全く嫌なことが起こらないので、活動するモチベーションがないということなのだ。

「困ってないし、別にいっか。」という感じ。それでも、杉山文野さんの講演会が全社員を対象に開かれたことはとても大きな意味を持ったと思っているし、社員1人1人にも何かしらの影響を与えたと思っている。

それは私の力ではなく杉山文野さんと取締役の力によるものだけれど、少しでも関わることができたのはありがたいことだった。

社会への希望

これまでセクシュアル・マイノリティについて書いてきたので、セクシュアル・マイノリティが生きやすい社会を目指しているように見えたかもしれない。たしかにセクシュアル・マイノリティが生きやすい社会になればいいなと思ってはいる。でも、正確に言うと少し違う。正確には、マイノリティ〝でも〟生きやすい社会になるのが理想、だ。

セクシュアル・マイノリティだけでなく、どんなマイノリティでも生きやすい社会。それはすなわちマジョリティにとっても生きやすい社会ということである。杉山文野さんがこう言っていた。

「多くの人が何かしらマイノリティな部分を持っている。そういう意味で、マイノリティであることがマジョリティであると言える。」

誰にとっても優しい社会になればいいなと思う。

よく、「LGBTは人口の7%ほどいると言われている。つまり統計的にはクラスに1人はいるということになる」という言葉を耳にする。

それはきっと事実なのだろう。

でも、数を盾に「だからLGBTも〝普通〟なんだよ」と言ってほしくはないな、と思う。

実は結構多いんだよ。身近な友人にもきっといるよ。実は普通の人たちなんだよ。だから受け入れてね。という流れになってほしくない。

政治的な発言をする場合は、数で攻めるのは有効だと思う。たった1人のために、政治的な何かが変わることはおそらくないから。数のパワーで攻めないと、変えることは難しい。（だからこそ署名活動が行われているのだろう。）

でも、**マイノリティのマイノリティな部分を受け入れるにあたっては、数は関係ないし、むしろ数を持ち出すことは危険だと思う。**数が多いから、〝普通〟

だから受け入れられるのではなく、**たった1人しかいない属性だとしても受け入れられる、〝普通〟じゃなくても受け入れられる社会。**

そんな社会が、私の理想だ。

第7章

LGBT Q&A

日常生活Q&A

Q：学校で困ったことはある？

A：特にない。強いて言うなら、周りの人たちが恋愛の話で盛り上がっているときに少し疎外感があることくらい。でも、これもセクシュアリティをオープンにするようになってからは気にならなくなった。

Q：仕事で困ったことはある？

A：困ったことは特にない。ただ、話す内容には気をつけている。

今は人事の仕事をしているので特に気をつける必要はないが、入社してすぐは現場に配属されて、社外の人と会うことが多かった。クライアントや取引先の人との雑談で「入社1年目なんです」と言うと、大学時代のことを質問されることがあった。「どんなことを勉強していたんですか？」と聞かれたら、「社会学です」までは言えても、「ジェンダーやセクシュアリティに興味があって……」という部分は絶対に触れないようにしようと気をつけていた。深くつっこまれないように、自分から先に「あまり勉強熱心な学生ではなかったので、アルバイトに力を入れていました」などと言って、予防線を張ることもあった。

Q：自分のセクシュアリティについて幸せだと思うことはある？

A：ある。幸せだと思うことというより、「バイセクシュアルでよかったと思うこと」のほうが近いが、思いついたものを挙げていく。

・単純に、男性とも女性とも恋愛できるのは嬉しい。多くの人が1つの性別しか好きになれないのに、私はどちらも好きになれるし、どちらも経験できる。

・マイノリティだからこそ、仲間ができる。セクシュアル・マイノリティという共通点だけで結構強い繋がりができ、そこでの出会いは私の人生を豊かにしてくれた。

・自分自身について考えるきっかけになった。多くの異性愛者は、自分が異性愛者であることを意識していないだろうし、異性愛者であることについて深く考えることもないだろう。マイノリティはマイノリティであるがゆえに、その属性と一度は向き合わざるを得ず、考える機会が与えられている。

Q：昔の友達に合うときはどういう立場で接してる？

A：これまでと変わらず接する。カミングアウトする流れになればするし、する必要性を感じなければしないだけのことで、何も変わらない。風の噂で私のセクシュアリティを知ってくれていたらカミングアウトをしなくてもすむからラッキー、程度の心持ちである。

Q：手術をしようと思ったことは？

A：「男の体で生まれたかった」という思いが強かった時期があり、結構真剣に手術について調べたことはある。でも、しようとは思わなかった。

手術について調べるうちに、「男の体で生まれたかった」とは言っても、男の骨格で生まれたかっただけであり、男性器がほしいわけではないことに気づいたり、体から性的な要素を排除したい気持ちが強いだけだということに気づいたりと、自分の本当の欲望に向き合うことができて、手術することの大変さやリスク、デメリットを考慮すると「このままでいっか」という結論になった。

Q：戸籍を変えようと思ったことは？

A：「男の体で生まれたかった」と思うことはあるけれど、戸籍を気にしたことはないので、変えようと思ったこともない。第２章にも書いたが、戸籍上女であることに抵抗感も違和感もない。生まれたときに女という性別が割り当てられたのだと思っている。

自分にとっては記号なので、男でも女でもどちらでも、あってもなくてもいい。だから、そのままにしている。「社員番号26番を割り当てられて、別に30番でもいいし、ぶっちゃけ番号なんてなくてもいいんだけど、26番であることに抵抗感も違和感もないからそのまま使っている」というイメージだ。

Q：プールや温泉に誘われたらどうしてる？

A：行く。ただ、家族以外の人に裸を見られることに若干抵抗感があるので、あまり体は見られたくない。相手がどう思うかはあまり気にしていない。温泉の場合、当然女のほうに入る。もしかしたら女性も恋愛対象である私がいることを嫌がる人もいるのかもしれないが、そういう人はそもそも誘ってこないはずなので、誘われたということは気にしていないということだと思っている。

Q：LGBTのことを話題にしていいものなの？

①家族
ダメではないけれど、家族全員が私のセクシュアリティを知っているので、なんとなく気まずい。

②友達や同僚
OK！　大歓迎。興味を持ってもらえるのは嬉しいし、ありがたい。

③初対面
初対面でLGBTの話題になることは滅多にないのでビックリすると思うけれど、話題にすることは全く問題ないし、むしろ共通の興味関心があるということがわかって嬉しいかも。

Q：LGBTの人は他のLGBTの人を見ればわかるの？

Ａ：わかるという人は結構多い。ゲイは声や仕草、髪型やファッションでゲイだとわかるケースがあり、レズビアンも見た目が特徴的だったりする。トランスジェンダーは、生物学的な性と表現している性が異なる場合は、わかることもある。私もそうだが、周りの人も「わかる」と言っている人は多い。セクシュアル・マジョリティの多くは他人のセクシュアリティを気にせずに過ごしていると思うが、セクシュアル・マイノリティは他人もセクシュアル・マイノリティである可能性があるというスタンスになるので、自然とセンサーに引っかかりやすくなっているのだと思う。他の人がスルーしてしまう小さなことでも気づき、「もしかしたら」と思ってしまうのだ。

ここで大事なのが、**他人のセクシュアリティを勝手に決め付けないこと**。見た目が男っぽいから男性だと思っていたら、生物学的には男性で、実はトランスジェンダーの女性だった、ということもあり得る。**セクシュアリティは本人にしかわからないことであり、他人が決めるものではない。**

Q：他のLGBTの人についてどう思う？

A：特に何も思わない。「いろんな人がいるな〜」という感じで、それ以上でもそれ以下でもない。

Q：こう思ってくれると楽、ということはある？

①家族

私の結婚と出産には期待しないでほしい。そして、結婚も出産もしなかったとしても、それが私の人生だし、「結婚も出産もしていないから幸せになれない」とは絶対に思わないでほしい。

②友達や同僚

変わらずにいてくれたら、それで充分。

③初対面

人には様々な属性があって、私だったら「日本人」であることや「女」であることはそのうちの1つ。「バイセクシュアル」であることも属性の1つ。**属性はその人間の一部ではあるけれど全部ではない。**また、**どの属性を本人がア**

イデンティティとして強く持っているかはわからない。だから、初対面の場合は、相手のことを深くは知らない状態なので、できるだけフラットに、先入観なく接するのが良いのではないかと思っている。少なくとも私は、そうしようと心がけている。

Q：こういうことは聞かれたくない、ということは？

Ａ：私はあまりない。答えたくないことは「答えたくない」と言うので、答えたくないことはあっても、聞かれたくないことはない。「何でも聞いてくれていいけど、答えるかどうかはわからないよ」というスタンス。

Q：この接し方は嫌、というものはある？

「私個人」として接してほしいので、「属性」で接してほしくない。私の言動は私個人のものなのに、「あなたは女だから」とか「バイセクシュアルだから」と、**属性に関係ないはずのことが属性に結び付けられると、「いやいや、違うから！」と反発したくなる。**

Q：カミングアウトのタイミングを教えて！

A：自分から積極的に言うカミングアウトと、言わざるを得ない状況になったときに言う、消極的なカミングアウトの2パターンがあると思う。積極的に言うケースは、「恋愛相談にのってほしいから」「隠すのが面倒になったから」「この人には本当の自分を知ってもらいたいから」といった理由で、自分でタイミングをつくって、カミングアウトをする。

もう1つのパターンは、会話をしていて、言った方がいいかな、と思ったタイミングでカミングアウトするケース。恋愛の話をしていると、言わないと不自然な感じになってしまうので、流れで言うとか。積極的にカミングアウトする場合はともかく、流れで言えればいいか、と思っている人は、「このタイミングで言おう！」と決めすぎてしまうとガチガチになってしまうので、気楽に構えていればいいと思う。

恋愛観／結婚観Q＆A

Q：男と女、どっちの人間として扱ってほしい？

Ａ：あまり性別で扱ってほしくないというのが本音。伝えるのが難しいのだが、「男として扱ってほしい」わけでも「女として扱ってほしい」わけでもなく、**「１人の人間として扱ってほしい」**という感じ。

Q：男と女、どっちのほうが好きなの？

Ａ：これは本当によく聞かれる。男女で変わらないのか、7対3なのか8対2なのか、と。

性別で好きになるわけではなく、ただ〝その人〟を好きになるだけなので、自分の中に男が何割で女が何割という割合があるわけではない。その人に対する好きが１００で、その以外の人は０。その積み重ねだ。もちろん、結果だけを見れば過去に好きになった男の人と女の人の割合は出る。でも、自分にとっては〝男女〟ではなく、〝好きな人とそれ以外〟なのだ。

Q：男女両方好きになるってどういう感覚なの？

A：同時に好きになるわけではなく、好きになるのは1人。**入り口に性別の制限がない**だけだ。

Q：同性も恋愛対象ということは、自分自身も対象になるの？

A：結論から言うと、私はならない。

というのも、〝なりたい人〟を好きになるという性質上ありえないからだ。だから、自分と全く同じ見た目と中身の人が目の前にいたとしても、絶対に好きにならない。でも、もし自分と全く同じ見た目だとしても、中身が理想（＝なりたい人）だったら、好きになる可能性は充分あると思っている。あくまで仮定の話だが……。

Q：恋人の話を聞いてもいいの？

①家族
ダメではないけれど、そもそも恋愛の話をしない家庭だったので、あまり聞いてほしくない。
②友達や同僚
OK！「聞いていいのかな？」と悩んだ末「聞かない」という選択をする人も多いみたいだが、むしろ気を遣わず聞いてほしい。
③初対面
どこまで答えるかはわからないけれど、聞かれるのはOK！

Q：セックスの話は聞いてもいいの？

A：どこまで話すかどうかは別にして、私は聞かれてもいい。質問すること自体を禁止するのはおかしな話だと思っていて、**聞くのは自由**。そしてもちろん、**答えるのも自由**。それだけのことだと思う。
ただ、私は聞かれてもいいと思っているけれど、聞かれたくない人も多いと思うので、相手との関係性や、相手がどんな人なのかを見極めて質問する必要はあるだろう。これはセクシュアル・マイノリティに限った話ではなく、誰に対してもそうだと思う。性のことに踏み込んでほしくない人はたくさんいるだろうし、相手を選ぶ話題だと思うので、相手がセクシュアル・マジョリティであったとしても、見極めは必要だ。

Q：男の人を好きになった時と女の人を好きになった時では、自分の感情や役割等は変わるの？

A：これは変わるとも変わらないとも言える。どういうことかというと、相手がどういう人か、相手との関係性はどうか、によって私の感情や役割も変わるということであって、性別で変わるわけではない。でも、中性的な人を好きになる傾向があり、男で中性的な人と女で中性的な人では傾向はやはり少し違ってくるので、そういう意味では男女である程度変わるとも言える、ということだ。

Q：結婚願望はあるの？

A：結婚という形にはこだわってはいない。好きな人とずっと一緒にいられたらそれでいい。相手が女の人だったら今の日本では結婚できない。それでも私は別にいい。（※同性婚を認めてほしいという人も、もちろんたくさんいる。また、同性カップルと異性カップルで与えられる権利が異なることには私も問題意識を持っている。）

相手が男の人だったら、結婚したほうが制度的に有利なこともあるからするかもしれない、程度の捉え方。結婚は契約なので、しておくと安心感もあると思う。

ただ、相手がいないので、現実味がないというのが正直なところだ。相手がいたとしても、それが女の人だったら今の日本では結婚できないので、結婚しない人生は結構想定して生きている。相手がいて、それが男の人で、結婚を望んでいる人だったら、結婚する人生になるのかな〜、というゆるい感じ。あとは、子どもを産むなら子どものために結婚したほうがいいのかな、とは思っている。

Q：子どもを欲しいと思う？

Ａ：今はほしいとは言えない。でも、将来的にはほしいとぼんやり思っている。

自分と好きな人の遺伝子を持った子どもがどのような人間でどのように育っていくのかという点にはものすごく興味があり、子育てを経験してみたい気持ちもあり、子どものいる〝家族〟をつくることへの憧れもある。ただ、今は「ほしい！」という強い気持ちはない。

子どもができるとしばらくは自分の時間の大半を子どもに費やすことになるので、そこへの覚悟がまだできていないのかもしれない。あと、イメージができないのだと思う。恋愛して、その先に選択肢として結婚があって、さらにその先の選択肢として出産がある。今は恋愛もしていない状態なので、大学生活のことを話されてもピンとこない小学生のような感じだ。

おわりに

きっかけはＴｗｉｔｔｅｒだった。

ＴｗｉｔｔｅｒでＬＧＢＴの人に向けた本を書きませんか、と声を掛けていただいたのが始まりだ。私はもともとセクシュアリティやジェンダーに関して考えたことを発信するブログを書いていた。だから、本ならもっと多くの人に届けられるのではないかと思い、書かせていただくことになった。

書いていて気づいたのだが、というか、書く前からなんとなく気づいていたのだが、私はあまりつらい経験をしてきていない。

本というものは大抵ストーリーが重視されていて、「こんな苦労をしました」とか「こんなつらい出来事がありました」という悲しい話から始まり、「でもそれを乗り越えて今はこんなに幸せです」と明るい終わり方をして、「だからあなたも大丈夫」と勇気付ける流れになっているのではないかと素人目線で思っているのだが、幸か不幸か（↑幸です）、つらいビッグイベントが発生することもなかったので、「なんとなく今明るく生きています」というゆるい話しかできないのが現状なのである。そんなゆるゆるストーリーに、普段ぼんやり考えていることを織り交ぜてできたのが本書だ。だから、読み返してびっくり、本当にゆるい。

ゆるい内容ではあるが、「少しでも役に立ちたい」という気持ちは強く、気持ちだけは全力で込めて書いた。

とはいえ、悩んでいる人に「大丈夫!! きっと未来は明るい!!」なんて無責任なことは言えない。興味本位で手に取った人に「私たちを理解してください!!」なんて圧をかけるつもりもない。

ただ、せっかく手に取っていただけたのなら、「こんな人間もいるのか」と〝知って〟ほしい。今の私の願いは、それだけである。

2017年　きゅうり

著者：きゅうり

本名：矢野友理（やの・ゆうり）。
1992年生まれ。愛知県と広島県で育つ。2011年に東京大学に入学。在学中はセクシュアル・マイノリティサークルに所属。専攻は社会学でジェンダーやセクシュアリティに興味を持ち学ぶ。2015年に大学を卒業後、不動産系ベンチャー企業に勤める。文章を書くことが趣味であり、大学時代から今に至るまでライター活動もしている。著書『[STUDY HACKER]数学嫌いの東大生が実践していた「読むだけ数学勉強法」』（マイナビ、2015）

Twitter: @Xkyuuri

ＬＧＢＴのＢです

2017年7月18日　第1版 第1刷発行

著者	きゅうり
カバーデザイン	大澤康介
印刷	株式会社 文昇堂
製本	根本製本株式会社

発行人　西村貢一
発行所　株式会社 総合科学出版
〒101-0052　東京都千代田区神田小川町 3-2 栄光ビル
TEL　03-3291-6805（代）
URL：http://www.sogokagaku-pub.com/

Printed in Japan　ISBN978-4-88181-861-9